庄子译注

（战国）庄周 著
李欣 译注

北京联合出版公司
Beijing United Publishing Co.,Ltd.

目录

前　言

战国时代，继春秋礼崩乐坏之后，诸侯失序，唯见国无宁日，邦无定交，土无定主。于此纷纷乱世，百家争鸣大显光辉。庄子置身百家之中，而又悄然出乎其外，以矫若游龙之姿贯通古今，构筑人类的自由和超越。

《庄子》一书涵盖宇宙自然、王道人事，纵横捭阖，鞭辟入里，集文章、绘画、音乐之美于一身，是先秦说理文学中的高峰，在中国文学史、哲学史、美学史上都有着巨大的影响。作为一部旷世奇书，庄子自称创作方法“以卮言为曼衍，以重言为真，以寓言为广”。在大量寓言构成的奇特世界中，呈现出瑰玮奇谲的艺术境界。语言如行云流水，汪洋恣肆，诗味醇厚。它继承和发展了《老子》的思想，被道家奉为经典。鲁迅先生在《汉文学史纲要》中称：“晚周诸子之作，莫能先也。”

关于《庄子》的研究，历代学者多就其文章字句入手进行训诂、解释，探讨其篇章大义，分析其学说要义，一则在更广层次上诠释《庄子》的深刻内涵，二则有助于读者阅读理解。汉晋以后注解《庄子》蔚然成风，著作达上千种之多，如西晋郭象《庄子注》、隋唐陆德明《庄子音义》、唐初成玄英《庄子疏》、南宋林希逸《南华真经口义》和褚伯秀《南华真经义海纂微》、明代释德清《庄子内篇注》等流传广远。

乃至晚清，研究者仍乐此不疲，如郭庆藩《庄子集释》、王先谦《庄子集解》等等。围绕《庄子》而形成的大量注、疏、解、评，在丰富前人思想的同时，更是针对《庄子》而进行的通俗化、普及化的工作。二十世纪以来，随着学术思路的不断拓展，跨学科的不断整合，庄学研究从传统的校勘训诂，转向多方位、多视角的文化解读。与此同时，出现了大量以经典普及为目的的白话译注著作。本书的编译便是向着通俗化、普及化的方向，为大众读者阅读经典提供方便。

通行的郭象本共三十三篇，分为“内篇”七篇，“外篇”十五篇，“杂篇”十一篇。学界一般认为“内篇”为庄子亲笔所作，而“外篇”和“杂篇”则出自庄子后学和后人伪托。本书拟选“内篇”七篇，“外篇”五篇，“杂篇”两篇，以简约义丰、深刻隽永的文章为选择标准。另外，所据底本为晋代郭象《庄子注》，凡郭象注有不通的地方，参校成玄英《庄子疏》、陆德明《庄子音义》、林希逸《南华真经口义》等人的训诂考证，加以校释。

本书体例参照陈鼓应《庄子今注今译》(横排简体版)，分为“题解”“原文”“注释”“译文”四个部分。题解部分位于原文之前，先阐述文章中心要旨，再详解各部分章节的中心要点和段落大意。原文以郭象注本为据，尽量不改动原文；注释以清晰简明为原则，省去各家注疏，择意义通明者；译文则尊重庄子文风，以信、达、雅为原则，说理文字简练通达，明白晓畅，抒情文字酣畅自然，保留诗味。

李欣

2012年10月

内篇

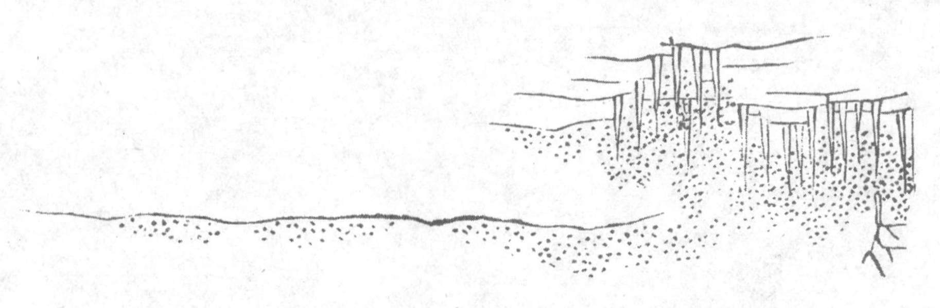

逍遥游

题解

鱼是寻常物，许多人赏鱼，未必能得鱼之真趣。鱼是否戏水而乐，鱼能否化鸟冲天，这是一个玄妙的思考，亦是众妙之门得以打开的关键。玄机有二字：逍遥。

逍遥，自由自在，轻妙美好之意。此篇为《庄子》之首，阐述庄子倡导追求终极自由、绝对逍遥的人生境界。一个现实生活中的人，以直冲九万里之姿，打开精神的枷锁，破除周身种种不自由，能够遇见一个卓然美妙的世界。

全文可分为三个部分，第一部分是本篇的主体，勾勒出一个广袤无穷的世界，从“小大之辩”的例子入手，说明逍遥之境的获得必须从“有待”转向待“道”，继而实现“无待”之境，真正做到“无己”“无功”“无名”。第二部分借“尧让天下”写“无功”“无名”的实现，借“肩吾之问”写“无己”之境的获得。第三部分通过惠子与庄子的对话，论述有用与无用之辨，以无用为大用。

一

北冥有鱼[1]，其名为鲲[2]。鲲之大，不知其几千里也。化而为鸟，其名为鹏[3]。鹏之背，不知其几千里也；怒而飞[4]，其翼若垂天之云[5]。是鸟也，海运则将徙于南冥[6]。南冥者，天池也[7]。

注释

①北冥：北海。传说北海无边无际，水深而黑。冥，通“溟”，大海。

②鲲kūn：原指鱼卵，庄子取为大鱼之名。

③鹏：古“凤”字，庄子取为大鸟之名。

④怒：同“努”，奋起，振奋。形容大鸟翅膀鼓动之态。

⑤垂：通“陲”，边远。形容翅膀之大，好似云层遮蔽天边。

⑥海运：波涛汹涌。古人云，海动有大风，其水涌沸，自海底而起，声闻数里。徙：迁移。

⑦天池：天然的大池。

译文

北海有一条鱼，它的名字叫作鲲。鲲的庞大，真不知道有几千里。幻化成鸟，它的名字叫鹏。鹏的脊背，不知道有几千里长；当它奋起而飞的时候，展开的双翅就像天边的云。这只鸟，随着海风海浪一路迁徙到南海。那南海，就是一个天然的大池。

《齐谐》者[①]，志怪者也[②]。《谐》之言曰："鹏之徙于南冥也，水击三千里[③]，抟扶摇而上者九万里[④]，去以六月息者也[⑤]。"野马也[⑥]，尘埃也[⑦]，生物之以息相吹也[⑧]。天之苍苍，其正色邪？其远而无所至极邪[⑨]？其视下也，亦若是则已矣。

注释

①齐谐：一说书名，出于齐国，故名《齐谐》。一说人名。

②志：记载。

③击：拍打。

④抟 tuán：同"圆"，环绕而上。扶摇：旋风，由地面急剧盘旋而上的大风。

⑤去：离开，离开北海，去往南海。息：风，六月间风最大，鹏便乘六月风而南翔。

⑥野马：春天林泽中的雾气，因雾气浮动状如奔马，故名"野马"。

⑦尘埃：空中游尘。扬在空中的土叫"尘"，细碎的尘粒叫"埃"。

⑧生物：自然界各种生命体的统称。息：这里指生物呼吸所产生的气息。

⑨极：尽。

译文

《齐谐》是一部专门记载怪异事情的书，书上说："鹏迁往南海时，翅膀拍击水面而激起三千里波涛，凭借海上狂风盘旋而冲上九万里高空，乘着六月的大风飞去南海。"原野上奔马状的雾气，低空里飞扬的尘埃，都是大自然里各种生物的气息吹拂所致。天色苍茫，那是它真正的颜色吗？抑或它高旷深远而看不到尽头？鹏在高空俯瞰，亦不过如此。

且夫水之积也不厚，则其负大舟也无力。覆杯水于坳堂之上[①]，则芥为之舟[②]；置杯焉则胶，水浅而舟大也。风之积也不厚，则其负大翼也无力。故九万里，则风斯在下矣[③]，而后乃今培风[④]；背负青天而莫之夭阏者[⑤]，而后乃今将图南。

蜩与学鸠笑之曰[⑥]："我决起而飞[⑦]，抢榆枋[⑧]，时则不至而控于地而已矣[⑨]，奚以之九万里而南为[⑩]？"适莽苍者[⑪]，三飡而反[⑫]，腹犹果然[⑬]；适百里者，宿舂粮[⑭]；适千里者，三月聚粮。之二虫又何知[⑮]！

注释

①覆：倾倒。坳堂：厅堂地面上的低洼处。坳āo，凹处。

②芥：小草。

③斯：则，就。

④而后乃今：从今而后；以下同此解。培：通"凭"，凭借。

⑤莫：这里指没有什么力量。夭阏è：又作"夭遏"，阻遏、阻拦。

⑥蜩tiáo：蝉。学鸠：一种小灰雀，这里泛指小鸟。

⑦决xuè：疾飞貌，奋起而飞。

⑧抢qiāng：撞，碰到。榆枋：两种树名，一为榆树，一为檀树。

⑨控：投下，落下，即落在地面。

⑩奚以：何以。之：去到。为：句末疑问语气词。

⑪适：往，去。莽苍：指迷茫看不真切的郊野。

⑫飡cān：同"餐"。反：同"返"，返回。

⑬犹：还。果然：饱腹状。

⑭宿：一夜。

⑮之：这。二虫：指上述的蜩与学鸠。

译文

再说水汇积不深，那么负载大船就没有力量。倒一杯水在厅堂的低洼处，那么一根小草也可以当作船；而放上一个杯子就粘住不动了，因为水太浅而船太大了。风的强度不够大，那么托负巨大的翅膀便力量不够。所以，鹏高飞九万里，风就在它的身下，然后方能凭借风力飞行，背负青天而无所阻拦，然后才像现在这样飞到南方去。

寒蝉与小灰雀讥笑大鹏："我从地面疾速而飞，碰到榆树和檀树的树枝就停下来，有时飞不上去而落在地上，何必要飞到九万里的高空而向南呢？"去郊野，带上三餐粮食就可以当天而返，肚子还是饱饱的；到百里之外去，要用一整夜时间准备干粮；到千里之外去，三个月以前就要准备粮食。寒蝉和灰雀这两个小东西哪里知道呢！

小知不及大知①，小年不及大年。奚以知其然也？朝菌不知晦朔②，蟪蛄不知春秋③，此小年也。楚之南有冥灵者④，以五百岁为春，五百岁为秋；上古有大椿者⑤，以八千岁为春，八千岁为秋，此大年也⑥。而彭祖乃今以久特闻⑦，众人匹之⑧，不亦悲乎！

汤之问棘也是已⑨：

汤问棘曰："上下四方有极乎？"棘曰："无极之外，复无极也。穷发之北有冥海者⑩，天池也。有鱼焉，其广数千里，未有知其修者⑪，其名为鲲。有鸟焉，其名为鹏，背若太山⑫，翼若垂天之云，抟扶摇羊角而上者九万里[13]，绝云气[14]，负青天，然后图南。斥鴳笑之曰[15]：‘彼且奚适也？我腾跃而上，不过数仞而下[16]，翱翔蓬蒿之间，此亦飞之至也[17]。而彼且奚适也？’”此小大之辩也[18]。

注释

①知 zhì：通“智”，智慧。

②朝：清晨。晦朔：一个月的最后一天和最初一天。一说“晦”指黑夜，“朔”指清晨。

③蟪蛄 huì gū：寒蝉，春生夏死或夏生秋死。

④冥灵：冥海灵龟。一说树名。

⑤大椿：传说中的古树名。

⑥通行本均无“此大年也”一句，但根据前后用语结构的特点当有，今据北宋陈景元《南华真经章句音义》引唐成玄英疏本增补。

⑦彭祖：传说中的长寿者。乃今：而今。以：凭。特：独。闻：闻名于世。

⑧匹：配，比。之：代指彭祖。

⑨汤：商汤，商朝第一代国君。棘：夏革，商汤时贤大夫。已：矣。

⑩穷发：不毛之地。发，草木。

⑪修：长。

⑫太山：泰山，位于今山东省泰安。

⑬羊角：旋风，回旋向上，状如羊角。

⑭绝：穿过。

⑮斥鴳yàn：池泽中小麻雀。斥，小泽。

⑯仞：古代长度单位，周制以八尺为一仞，汉制为七尺。

⑰至：极点。

⑱辩：通“辨”，辨别，区分。

译文

小聪明赶不上大智慧，寿命短者不如寿命长者。怎么知道是这样的呢？朝生暮死的菌不懂月，春生夏死、夏生秋死的寒蝉不知年，这就是短寿。楚国南边有一只灵龟，把五百年当作一个春，五百年当作一个秋；上古时候有一棵大椿树，它以八千年为春，八千年为秋，这就是长寿。可是彭祖到如今还是以长寿而闻名于世，众人与他比对，岂不可悲可叹！

商汤询问棘的话是这样的：

汤问棘：“上下四方有极限吗？”棘说：“无极之外，还是无极！北方的不毛之地有一个深海，那就是天池。那里有一种鱼，它的脊背有好几千里，没有人能够知道它有多长，它的名字叫作鲲；有一种鸟，它的名字叫鹏，它的脊背像泰山，双翅如天边之云。鹏奋起而飞，乘旋风直冲九万里高空，穿过云层，背负青天，这才向南飞去。斥鴳讥笑它说：‘它打算飞到哪儿去？我奋力跳起来往上飞，不过几丈高就落了下来，盘旋于蓬蒿丛中，这也是我飞翔的极限了。

而它打算飞到什么地方去呢？’”这就是小与大的不同了。

故夫知效一官①，行比一乡②，德合一君而征一国者③，其自视也亦若此矣。而宋荣子犹然笑之④。且举世而誉之而不加劝⑤，举世而非之而不加沮⑥，定乎内外之分⑦，辩乎荣辱之境⑧，斯已矣。彼其于世未数数然也⑨。虽然，犹有未树也。

夫列子御风而行⑩，泠然善也⑪，旬有五日而后反⑫。彼于致福者⑬，未数数然也。此虽免乎行，犹有所待者也⑭。若夫乘天地之正⑮，而御六气之辩⑯，以游无穷者，彼且恶乎待哉⑰！故曰：至人无己⑱，神人无功⑲，圣人无名⑳。

注释

①效：功效，本句含有胜任的意思。官：官职。

②比：适合。

③征：取信。

④宋荣子：一名宋钘，宋国人，战国时期的思想家。犹然：嗤笑的样子。

⑤且：发语词。举：全。劝：劝勉，努力。

⑥非：责难，批评。沮：沮丧。

⑦内外：自我和外物。

⑧境：界限。

⑨数数shuò然：汲汲然，急急忙忙的样子。

⑩列子：列御寇，春秋时代郑国的思想家。御：驾驭。

⑪泠líng然：飘然，轻盈美妙的样子。

⑫旬：十天。有：又。

⑬致：寻求。

⑭待：凭借，依靠。

⑮乘：因循，凭借。天地：万物，自然界。正：本，法则；自然的本性。

⑯御：因循、顺着。六气：指阴、阳、风、雨、晦、明。辩：应作“变”，变化。

⑰彼：人称代词。恶wū：何，什么。

⑱至人无己：“至人”能达忘我之境。无己，扬弃为功名束缚的小我，而臻至与天地精神往来的境界。

⑲神人无功：“神人”能超脱功利。

⑳圣人无名：“圣人”能超脱名利。

译文

所以，才智足以胜任一个官职，品行合乎一乡的心愿，德性投合国君的心意而取信于一国的那些人，他们自鸣得意也就像这些小麻雀一样。而宋荣子嗤笑他们，宋荣子能够做到让世人都赞誉他，却不会因此越发努力，世人都非难他，却也不会因此愈发沮丧。他能认定自我与外物的分际，辨别荣誉与耻辱的界限，如此而已！宋荣子对于世俗的声誉，从不急急忙忙地去追求什么。即便如此，他还是未能达到最高的境界。

列子驾风游行，轻盈又美妙，十五天后方才返回。列子面对求福这件事，从来没有急急忙忙去追求的样子。这样做虽然免除行走的劳苦，但毕竟有所依凭。若能遵循宇宙自然的规律，把握六气的变化，遨游于无穷无尽的境域，他还依赖什么呢！因此说，“至人”能达忘我之境，“神人”能够超脱功利，“圣人”能够超脱名利。

二

尧让天下于许由①，曰：“日月出矣，而爝火不息②，其于光也，不亦难乎！时雨降矣③，而犹浸灌④，其于泽也⑤，不亦劳乎⑥！夫子立⑦，而天下治，而我犹尸之⑧，吾自视缺然⑨。请致天下⑩。”许由曰：“子治天下⑪，天下既已治也。而我犹代子，吾将为名乎？名者实之宾也⑫。吾将为宾乎？鹪鹩巢于深林⑬，不过一枝；偃鼠饮河⑭，不过满腹。归休乎君⑮，予无所用天下为⑯！庖人虽不治庖⑰，尸祝不越樽俎而代之矣⑱。”

注释

①尧：名放勋，号陶唐氏，上古时代的圣明君主，儒家理想中的天子。许由：字仲武，隐于箕山，传说中的高士。相传尧要让天下给他，他厌恶

其声，洗耳于颍水之滨，故称洗耳翁。

②爝 jué 火：火把，木材上蘸上油脂燃起的火把。

③时雨：按时令季节及时降下的雨。

④浸灌：灌溉。

⑤泽：润泽。

⑥劳：这里含有徒劳的意思。

⑦夫子：对男子的尊称，此处指许由。立：位，在位。

⑧尸：庙中的神主，这里指空居其位。

⑨缺然：自愧不如。

⑩致：让，给予。

⑪子：对人的尊称。

⑫宾：陪衬，次要的、派生的东西。

⑬鷦鷯 jiāoliáo：一种善于筑巢的小鸟。许由以鷦鷯自比，以深林比喻天下。

⑭偃鼠：鼹鼠，好入河饮水。

⑮休：止，这里是算了的意思。“归休乎君”，即“君归休乎”之倒装。

⑯为：句尾叹词。

⑰庖人：厨师。

⑱尸祝：祭祀时主持祭祀的人。樽：盛酒的器皿。俎 zǔ：切肉的砧板。“樽俎”这里代指各种厨事。成语“越俎代庖”出于此。

译文

尧打算把天下让给许由，说：“日月已升，火焰不熄，要与日月争光，不是很难吗？季雨及时降落了，可是农人还在不停地浇水灌地，这对于整个大地的润泽，不显得徒劳吗？先生如能居于国君之位，天下便可安定，可是我还空居其位；我自愧不如，请允许我把天下交给你。”许由回答说：“你治理天下，天下已经安定，而我却还要去替代你，我是为了名声吗？‘名’是‘实’所派生出来的陪衬，我将去追求这陪衬吗？鹪鹩在森林中筑巢，不过占用一枝；鼹鼠到大河边饮水，不过喝满肚子。你还是打消念头回去吧，天下对于我来说没有什么用处啊！厨师即使不下厨，主祭人也不会越俎代庖的！”

肩吾问于连叔曰①：“吾闻言于接舆②，大而无当③，往而不反④。吾惊怖其言，犹河汉而无极也⑤；大有径庭⑥，不近人情焉。”连叔曰：“其言谓何哉？”“曰：‘藐姑射之山⑦，有神人居焉。肌肤若冰雪，绰约若处子⑧；不食五谷，吸风饮露；乘云气，御飞龙，而游乎四海之外。其神凝⑨，使物不疵疠而年谷熟⑩。’吾以是狂而不信也⑪。”连叔曰：“然！瞽者无以与乎文章之观⑫，聋者无以与乎钟鼓之声。岂唯形骸有聋盲哉？夫知亦有之。是其言也，犹时女也⑬。之人也，之德也，将旁礴万物以为一⑭，世蕲乎乱⑮，孰弊弊焉以天下为事[16]！之人也，物莫之伤，大浸稽天而不溺[17]，大旱金石流、土山焦而不热。是其尘垢秕穅，将犹陶铸尧舜者也[18]，孰肯分分然以物为事。”

注释

①肩吾、连叔：旧说皆为有道之士，实是庄子为表达的需要而虚构的人物。

②接舆：楚国的隐士，姓陆名通，接舆为字。

③当dàng：底，边际。

④反：返。

⑤河汉：银河，天河。极：边际，尽头。

⑥径：门外的小路。庭：堂外之地。

⑦藐miǎo：遥远的样子。姑射yè：传说中的山名。

⑧绰chuò约：轻盈柔美的样子。处子：处女。

⑨凝：指神情专一。

⑩疵疠cī lì：疾灾。

⑪狂：通“诳”，虚妄之言。信：真实可靠。

⑫瞽gǔ：盲。文章：花纹、色彩。

⑬时：是。女：汝，你，句中指肩吾。

⑭旁礴：混同。

⑮蕲qí：祈，求。乱：本句作“治”讲。

⑯弊弊焉：忙忙碌碌、疲惫不堪的样子。

⑰大浸：大水。稽：至。

⑱秕bǐ：瘪谷。穅：“糠”之异体字。陶：用土烧制瓦器。铸：熔炼金属铸造器物。

译文

肩吾向连叔求教：“我听接舆谈话，大话连篇没有边际，一说下去就回不到原来的话题上。我惊骇他的言谈，就好像天上的银河没有边际，高深莫测，不合世情。”连叔问：“他说的是些什么呢？”肩吾转述道：“在遥远的姑射山上，住着一位神人，肌肤润白有若冰雪，体态柔美有如处女，不食五谷，吸清风饮甘露，乘云气驾飞龙，遨游于四海之外。他的神情专注，使得世间万物不受病害，年年五谷丰登。我认为这是诳言，不可信。”连叔听后说：“是呀！对于瞎子，没法同他们共赏花纹和色彩，对于聋子，没法与他们同听钟鼓之乐。难道只是形骸上有聋与瞎吗？思想上也有聋和瞎啊！这话就是说你肩吾的呀。那位神人，他的德行，广被万物合为一体，世人却期望他治理天下，谁还会忙忙碌碌把管理天下当回事！那样的人呀，外物没有什么能伤害他，洪水滔天而不会溺死，天下大旱使金石熔化、土山焦裂，他也不感到灼热。他扬弃的尘埃以及瘪谷糠麸之类的废物，也可造就出尧舜那样的圣贤人君来，他怎肯以尘世为己任呢！”

宋人资章甫而适诸越[①]，越人断发文身[②]，无所用之。尧治天下之民，平海内之政，往见四子藐姑射之山[③]，汾水之阳[④]，窅然丧其天下焉[⑤]。

注释

①资：贩卖。章甫：古代殷地人的一种礼帽。适：往。

②断发：不蓄头发。文身：在身上刺满花纹。越国处南方，习俗与中原的宋国不同。

③四子：旧注指王倪、啮缺、被衣、许由四人，实为虚构的人物。

④汾水：水名，源出太原。阳：山的南面或水的北面。

⑤窅yǎo然：怅然若失的样子。丧：丧失、忘掉。

译文

北方有宋人贩卖帽子到南方的越国，越人光头文身，用不着帽子。尧治理好天下的百姓，安定了海内的政局，到姑射山上、汾水北面，去拜见四位得道的高士，不禁怅然若失，茫然忘其身居天下之位。

三

惠子谓庄子曰[①]："魏王贻我大瓠之种[②]，我树之成而实五石[③]，以盛水浆，其坚不能自举也[④]；剖之以为瓢，则瓠落无所容[⑤]。非不呺然大也[⑥]，吾为其无用而掊之[⑦]。"

庄子曰："夫子固拙于用大矣[⑧]。宋人有善为不龟手之药者[⑨]，世世以洴澼絖为事[⑩]。客闻之，请买其方以百金[⑪]。聚族而谋曰：'我世世为洴澼纩，不过数金；今一朝而鬻技百金[12]，请与之。’客得之，以说吴王[13]。越有难[14]，吴王使之将[15]，冬与越人水战，大败越人，裂地而封之[16]。能不龟手，一也[17]；或以封[18]，或不免于洴澼纩，则所用之异也。今子有五石之瓠，何不虑以为大樽而浮乎江湖[19]，而忧其瓠落无所容？则夫子犹有蓬之心也夫[20]！”

注释

①惠子：宋国人，姓惠名施，做过梁惠王的相，为先秦名家代表人物。

②魏王：魏惠王，姓魏名莹，战国时魏国国君。因魏都迁大梁，又称梁惠王。贻 yí：赠送。瓠 hú：葫芦。

③树：种植、培育。实：结的葫芦。石 dàn：容量单位，十斗为一石。

④举：拿起。

⑤瓠 huò 落：又作“廓落”，很大的样子。

⑥呺 xiāo 然：虚大的样子。

⑦为：因为。掊 pǒu：击碎，砸破。

⑧固：实在，确实。

⑨龟 jūn：通“皲”，皮肤受冻开裂如龟纹。

⑩洴 píng：浮。澼 pì：在水中漂洗。纩 kuàng：丝絮。

⑪方：药方。

⑫鬻 yù：卖，出售。

⑬说 shuì：劝说，游说。

⑭难：发难，这里指越国对吴国有军事行动。

⑮将jiàng：统帅部队。

⑯裂：划分。

⑰一：同一，一样的。

⑱或：有的人。以：凭借。

⑲虑：考虑。樽：本为酒器，这里指形似酒樽，可拴在身上的一种浮水工具，俗称腰舟。

⑳蓬：草名，其状弯曲不直。

译文

惠子对庄子说："魏王送我一棵大葫芦种子，我种植结出的果实有五石之大。用大葫芦去盛水浆，可是它的坚固程度无法承受水之重。把它割开做瓢，瓢太大而无处可放。这个葫芦不是不大，我因为它没有什么用处而砸烂了它。"

庄子说："先生实在是不善于使用大东西啊！宋国有一善于调制不皲手药物的人家，世世代代以漂洗丝絮为业。有个客人听说了这种药品，愿意用百金的高价购买他的药方。全家人聚集在一起商量：'我们世世代代在河水里漂洗丝絮，所得不过数金，如今一下子就可卖得百金。还是把药方卖给他吧。'客人得到药方，便去游说吴王。正巧越国发难，吴王派他统兵，冬天和越军水战，大败越军，吴王划割土地封赏他。能使手不皲裂的药方是相同的，有人用它来获得封赏，有的人却只能靠它在水中漂洗丝絮，这是用法不同。如今你有五石容量的大葫芦，为什么不考虑制成腰舟浮游江湖之上，却担忧葫芦太大无处可容？看来你的心还是茅塞不通啊！”

惠子谓庄子曰："吾有大树，人谓之樗[①]。其大本拥肿而不中绳墨[②]，其小枝卷曲而不中规矩[③]，立之涂[④]，匠者不顾。今子之言，大而无用，众所同去也。"

庄子曰："子独不见狸狌乎[⑤]？卑身而伏[⑥]，以候敖者[⑦]；东西跳梁[⑧]，不辟高下[⑨]；中于机辟[⑩]，死于罔罟[⑪]。今夫斄牛[⑫]，其大若垂天之云。此能为大矣，而不能执鼠。今子有大树，患其无用，何不树之于无何有之乡[⑬]，广莫之野[⑭]，彷徨乎无为其侧[⑮]，逍遥乎寝卧其下。不夭斤斧[⑯]，物无害者，无所可用，安所困苦哉！"

注释

①樗 chū：一种高大的落叶乔木，但木材皮粗质劣，不可用作器具。

②大本：树干。拥肿：今作"臃肿"，形容树干盘结疙瘩。中 zhòng：符合。绳墨：木工用以取直的墨线。

③规矩：即圆规和角尺。

④涂：通"途"，道路。

⑤独：岂，难道。狸lí：野猫。狌shēng：鼬鼠，俗名为黄鼠狼。

⑥卑：低。

⑦敖：通“遨”，遨游。

⑧跳梁：又写作“跳踉”，跳跃、蹿越的意思。

⑨辟：避开；这个意义后代写作“避”。

⑩机辟：泛指捕兽工具。机，机弩之类。辟，翻车，能够转动而捕兽。

⑪罔：网。罟gǔ：网的总称。

⑫斄lí牛：牦牛，体大不灵活。

⑬无何有之乡：指什么都没有生长的地方。

⑭广莫之野：宽广无人之处。莫，无，空虚。

⑮彷徨：徘徊。乎：于。无为：无所事事，本句取逍遥之意。

⑯夭：夭折。斤：伐木之斧。

译文

惠子又对庄子说：“我有棵大树，人们都叫它‘樗’。它的树干疙里疙瘩，不符合绳墨取直的要求，它的树枝弯弯扭扭，也不适应圆规和角尺取材的需要。虽然生长在道路旁，木匠连看也不看。现今你的言谈，大而无用，大家都会鄙弃它的。”

庄子说：“你没看见过野猫和黄鼠狼吗？低着身子匍匐于地，等待那些出游的小动物。它们一会儿东，一会儿西，跳来跳去，一会儿高，一会儿低，上蹿下跳，往往容易陷入机关，死于猎网之中。再有那牦牛，庞大的身体就像天边的云；虽然本领很大，却不能捕捉老鼠。如今你有这么大一棵树，却担忧它没有什么用处，怎么不把它栽种在空虚无有之地，栽种在广漠的旷野里，悠然地徘徊在树旁，自在地躺卧于树下。大树不会遭到刀斧砍伐，也没有什么东西会去伤害它。虽然没有什么用处，可是哪里又会有什么祸害呢？”

齐物论

题解

驻足于蝶前，是为美而停留。或许不曾梦过蝶，但也曾梦到过别的生物，而在碎片一样奇幻的梦中，你能否认得出自己？庄周梦蝶，到底庄周梦化为蝴蝶，还是蝴蝶梦化为庄周？弥合自己与蝴蝶的缝隙，破除彼此的对立，便是庄子所言“齐物”了。

“齐物论”篇论述世间人、世间物的存在与意义。万物看似千差万别,归根结底却又是相同的,这就是“齐物”。言论看似千差万别，本质上又是一样的，是非皆来自人们想要区别对待的内心,这就是“齐论”。“齐物”与“齐论”构成本文的关键，一种心态，一视同仁。

全文大体分成七个部分，第一部分开篇描写子綦进入“丧我”之境，“丧我”即破除“成心”、摒弃我执、物我消融。继而通过“三籁”解释自然界的声音皆出于自身。第二部分进一步描述社会现象和人之心态，并指出众人役役，迷失自我于虚无。第三部分说明因“成心”而产生的是非争执不可取，并提出“以明”的认识方法。

继而通过万物的相对性与流变性，提出“照之于天”的正确态度。第四部分提出“道通为一”的原理，总结是非争辩的本质，重申“以明”的认识方法。第五部分从忘物才能齐物入手，说明“天地与我并生，而万物与我为一”。第六部分借寓言人物阐述齐物与齐论的途径，即忘掉死生、忘掉是非，把自己寄托于无穷的境域，从而遨游于尘埃之外，进一步说明物之不可分、言之不可辩。第七部分，通过两个寓言故事表明“无所凭依”和物我交合、物我俱化的旨意。

一

南郭子綦隐机而坐[①]，仰天而嘘[②]，荅焉似丧其耦[③]。颜成子游立侍乎前[④]，曰：“何居乎[⑤]？形固可使如槁木[⑥]，而心固可使如死灰乎[⑦]？今之隐机者，非昔之隐机者也[⑧]。”

子綦曰：“偃[⑨]，不亦善乎，而问之也[⑩]！今者吾丧我，汝知之乎？汝闻人籁而未闻地籁[⑪]，汝闻地籁而未闻天籁夫！”

子游曰：“敢问其方[⑫]。”

子綦曰：“夫大块噫气[⑬]，其名为风。是唯无作[⑭]，作则万窍怒呺[⑮]。而独不闻之翏翏乎[⑯]？山陵之畏佳[⑰]，大木百围之窍穴，似鼻，似口，似耳，似枅[⑱]，似圈，似臼，似洼者，似污者[⑲]；激者[⑳]，谪者[21]，叱者，吸者，叫者，譹者[22]，宎者[23]，咬者[24]。前者唱于而随者唱喁[25]。泠风则小和[26]，飘风则大和[27]，厉风济则众窍为虚[28]。而独不见之调调之刁刁乎[29]？”

子游曰：“地籁则众窍是已[30]，人籁则比竹是已[31]。敢问天籁。”

子綦曰：“夫天籁者，吹万不同，而使其自己也[32]，咸其自取[33]，怒者其谁邪[34]！”

注释

①子綦qí：人名，住在城郭南端，故名南郭子綦。庄子寓言中虚构的得道者。隐：凭，倚。机：亦作“几”，案几。

②嘘：吐气。

③荅tà：通“嗒”，自失离形去智的样子。耦：作“偶”，匹对，这里指与精神相对立的肉体。

④颜成子游：子綦的学生，姓颜成，名偃，字子游。

⑤何居：何故，为何会这样。居jī，表疑问的语气词。

⑥固：诚然。槁：干枯，本句形容岿然不动。

⑦心：思想，精神。固：岂，难道。

⑧昔之隐机者：与“今之隐机者”实指一人，即南郭子綦。

⑨偃：子游的名。

⑩而：你，人称代词。“不亦善乎，而问之也”为“尔问之不亦善乎”之倒置。

⑪籁lài：即箫，古代的一种管状乐器，这里泛指从孔穴里发出的声响。“人籁”即人吹箫管发出的声音。“地籁”指风吹各种窍孔所发出的声音。“天籁”指各物依其自然状态而自鸣。三籁并无不同，皆出于自然的声响。

⑫敢：表示谦敬的副词，含有“冒昧地”“斗胆地”的意思。方：道术，指所言“地籁”“天籁”的真实含意。

⑬大块：大地。噫ài气：吐气出声。

⑭是：此，这里指风。作：兴起，指刮风。

⑮窍：孔穴。呺háo：亦作“号”，吼叫。

⑯翏翏liù：亦作“飂飂”，长风呼啸声。

⑰陵：大山。畏隹cuī：即嵬崔，山陵高峻的样子。

⑱枅jī：梁上方木。

⑲污：停滞不流的水塘。

⑳激：水流湍急的声音。

㉑謞xiāo：箭头飞去的声响。

㉒譹háo：嚎哭声。

㉓宎yào：深而沉，像风吹到深谷的声音。

㉔咬jiāo：哀切声。

㉕于、喁yóng：风吹树动前后应和之声。

㉖泠líng风：小风，清风。

㉗飘风：旋风，大风。

㉘厉风：暴风，烈风。济：止。

㉙调调、刁刁：风吹草木摇曳的样子。“刁刁”亦作“刀刀”。

㉚是：这样。已：矣。

㉛比竹：指并合在一起可以发出声响的、不同形状的竹管，箫笙之类乐器。比，并合。

㉜使其自己：让它们自己发出各种各样的声音。

㉝咸：全。

㉞怒：这里是发动的意思。

译文

南郭子綦靠着几案而坐，仰首向天，缓缓呼吸，离神去智的样子似已进入物我相忘之境。他的学生颜成子游侍立在跟前说：“这是怎么啦？形体安定固然可以使它像干枯的树木，心灵寂静难道也可以使它像死灰吗？您今天凭几而坐的神情，跟往日凭几而坐的情景大不一样呢。”

子綦回答说：“偃，你这个问题问得很好！今天我忘记了自己，你知道吗？你听见过‘人籁’却没有听见过‘地籁’，你即使听见过‘地籁’却没有听见过‘天籁’啊！”

子游问：“敢问三籁真谛？”

子綦说：“大地吞吐之气，名字叫风。风不发作则已，一旦发作整个大地上数不清的窍孔都怒吼起来。你唯独没有听过那长风呼啸之声吗？山陵中高下盘回之地，百围大树上有无数窍孔，有的像鼻子，有的像嘴巴，有的像耳朵，有的像梁上的方木，有的像牛栏猪圈，有的像舂米的臼窝，有的像深池，有的像浅洼。它们发出的声音，像流水湍急，像箭镞迅疾，像大声叱咄，像轻柔呼吸，像放声叫喊，像号啕大哭，像山谷深沉，像悲戚哀切。前面的风声在呜呜唱导，后面的风声在呼呼应和。清风徐徐则和声小，长风呼啸便和声大，暴风骤然停歇，万般窍穴也都寂然无声。你难道看不见草木还在摇曳摆动的样子吗？”

子游说：“地籁是从众窍穴里发出的风声，人籁是从竹箫里发出的声音。我再冒昧地向您请教什么是天籁？”

子綦说：“天籁之声，虽有万般不同，皆从自己本身发出，由各个窍孔的自然状态所致，如此鼓动它们发声的还有谁呢？”

二

大知闲闲[①]，小知间间[②]；大言炎炎[③]，小言詹詹[④]。其寐也魂交[⑤]，其觉也形开[⑥]，与接为构[⑦]，日以心斗。缦者[⑧]，窖者[⑨]，密者[⑩]。小恐惴惴[⑪]，大恐缦缦[⑫]。其发若机栝[⑬]，其司是非之谓也[⑭]；其留如诅盟[⑮]，其守胜之谓也；其杀若秋冬[⑯]，以言其日消也；其溺之所为之[⑰]，不可使复之也；其厌也如缄[⑱]，以言其老洫也[⑲]；近死之心，莫使复阳也[⑳]。喜怒哀乐，虑叹变慹[21]，姚佚启态[22]；乐出虚[23]，蒸成菌[24]。日夜相代乎前[25]，而莫知其所萌[26]。已乎[27]，已乎！旦暮得此[28]，其所由以生乎[29]！

注释

①闲闲：广博安详的样子。

②间间：明察细别的样子。

③炎炎：言辞猛烈，气焰盛人。

④詹詹：言辩不休，琐碎浅薄。

⑤寐：睡眠。魂交：心神悸躁，精神交错。

⑥觉：睡醒。形开：形体不宁。

⑦接：接触，指与外界环境接触。构gòu：交结。

⑧缦màn：通“慢”，疏怠迟缓。

⑨窖：深沉，这里指设下圈套。

⑩密：谨密。

⑪惴惴zhuì：恐惧不安的样子。

⑫缦缦màn：神情沮丧，惊魂失魄的样子。

⑬机：弩机，弩上的发射部位。栝kuò：箭杆末端扣弦部位。

⑭司：通“伺”，窥伺他人是非的意思。

⑮留：守住，指持言不发。诅盟：誓约。

⑯杀shài：肃杀，衰败。

⑰溺：沉湎。“之”疑讲作“于”。

⑱厌yā：通“压”，闭塞的意思。缄：束箧的绳索。

⑲洫xù：枯竭。

⑳复阳：复生，恢复生机。

㉑虑：忧虑。叹：感叹。变：反复。慹zhí：恐怖。

㉒姚：浮躁。佚yì：放纵。启：张狂。态：作态。

㉓乐：乐声。虚：中空的情态，用管状乐器中空的特点代指乐器本身。

㉔蒸成菌：菌类由地气的蒸发产生。

㉕相代：相互对应地更换与替代。

㉖萌：萌发、产生。

㉗已：止，算了。

㉘旦暮：昼夜，表示时间很短。此：指上述对立、对应的各种情态形成发生的道理，犹如乐出于虚，菌出于气，一切都形成于“虚”“无”。

㉙所由：产生的缘由。由，从。

译文

才智超群的人广博豁达，有小聪明的人乐于细察、斤斤计较；合于大道的言论就像猛火烈焰一样气势凌人，拘于智巧的言论则琐细浅薄、没完没了。他们睡眠时神魂交错，醒来后形体不宁；跟外界接触纠缠不清，整日钩心斗角。有的出语迟缓，有的发言设下圈套，有的辞慎语谨。小的惧怕惴惴不安，大的惊恐失魂落魄。他们发言时就好像利箭放出，专门窥探别人是非而攻击；他们不发言的时候就好像盟约誓言坚守不渝，沉默不语坐待胜机。他们衰败犹如秋冬景物之凋零，这说明他们日益消亡；他们沉湎于所从事的各种事情，无法使他们恢复到原有的情状；他们心灵闭塞好像被绳索缚住，这说明他们衰老枯竭，走向死亡的心灵，没法使他们恢复生气。他们欣喜、愤怒、悲哀、欢乐，他们忧虑、叹惋、反复、恐惧，他们躁动轻浮、奢华放纵、情张欲狂、造姿作态。好像乐声从虚器中发出，又像菌类由地气蒸腾而成。这种种情态日夜在心中交侵不已，却不知道是怎么萌生的。算了吧，算了吧！一旦懂得这一切发生的道理，也就明白了这种种情态发生的根由。

非彼无我[①]，非我无所取[②]。是亦近矣[③]，而不知其所为使[④]。若有真宰[⑤]，而特不得其眹[⑥]；可行已信；而不见其形。有情而无形[⑦]。

百骸[⑧]、九窍[⑨]、六藏[⑩]，赅而存焉[⑪]，吾谁与为亲[⑫]？汝皆说之乎[⑬]？其有私焉[⑭]？如是皆有为臣妾乎？其臣妾不足以相治乎？其递相为君臣乎？其有真君存焉[⑮]？如求得其情与不得，无益损乎其真。

一受其成形[⑯]，不亡以待尽[⑰]。与物相刃相靡[⑱]，其行进如驰[⑲]，而莫之能止，不亦悲乎！终身役役而不见其成功[⑳]，苶然疲役而不知其所归[㉑]，可不哀邪！人谓之不死，奚益！其形化，其心与之然，可不谓大哀乎？人之生也，固若是芒乎[22]？其我独芒，而人亦有不芒者乎？

注释

①彼：指上述各种情态。

②取：资，呈现。

③近：彼此接近。

④使：驱使。

⑤真宰：真我，即我身的主宰。

⑥特：但，只。眹 zhèn：通“朕”，端倪、征兆。

⑦情：真，实，指事实上的存在。

⑧百：概数，言其多，非确指。骸：骨节。

⑨九窍：人体上九个可以向外张开的孔穴，指双眼、双耳、双鼻孔、口、生殖器、肛门。

⑩藏：内脏；这个意义后代写作“臟”，简化成“脏”。心、肺、肝、脾、肾俗称五脏，肾有左右两个，故为“六脏”。

⑪赅：齐备。

⑫谁与：与谁。

⑬说 yuè：通“悦”，喜悦。

⑭私：偏私，偏爱。

⑮真君：于“我”而言，“真君”即“真我”“真心”，对于上文各种情态而言，“真君”就是“真宰”。

⑯一：一旦。

⑰尽：耗竭、消亡。

⑱刃：刀口，喻指针锋相对的对立面。靡：倒下，这里是顺应的意思。

⑲驰：迅疾奔跑。

⑳役役：相当于“役于役”，为役使之物所役使，匆忙的样子。

㉑苶 nié 然：疲顿的样子。疲役：犹言疲于役，为役使所疲顿。

㉒芒：通“茫”，迷昧，无知。

译文

没有这种种情态就没有我，没有我就没法呈现这些情态。这样的认识也接近于事物的本质，然而却不知道这一切受什么所驱使。仿佛有“真宰”，却又寻不着它的端倪。可以通过行为实践得到验证，虽然看不见它的形体，它本是真实的存在而不具形象的。

百骸，九孔，六脏，全都齐备地存在于我的身体，我跟它们哪一部分最亲近呢？你对它们都同样喜欢吗？还是有所偏爱呢？如果同等亲近，那么都把它们当作臣妾吗？既然都是臣妾就谁也不能支配谁吗？还是轮流作君臣呢？或者有“真君”存在？无论是否寻求到“真君”的真实情况，那都不会对它本身有什么增益和损坏。

人一旦禀承天地之气而成形体，虽不参与变化，却也等待最后的消亡。他们跟外界环境或相互对立、或相互顺应，忘情驰骋其中，没有什么力量能使他们止步，这不是很可悲吗！他们终身劳碌却不见成功，终生疲顿却不知归宿，这能不悲哀吗！虽然活着，有什么益处呢！身体走向枯竭，人心也随之萧瑟，这不是大悲吗？人生在世，本来就是这样无知吗？或者只是我皆昧，而世人也有洞彻通晓的呢？

三

夫随其成心而师之[①]，谁独且无师乎？奚必知代而心自取者有之[②]？愚者与有焉。未成乎心而有是非，是今日适越而昔至也[③]。是以无有为有。无有为有，虽有神禹[④]，且不能知，吾独且奈何哉！

夫言非吹也[⑤]，言者有言，其所言者特未定也[⑥]。果有言邪？其未尝有言邪？其以为异于鷇音[⑦]，亦有辩乎[⑧]，其无辩乎？

道恶乎隐而有真伪[⑨]？言恶乎隐而有是非？道恶乎往而不存？言恶乎存而不可？道隐于小成[⑩]，言隐于荣华[⑪]。故有儒墨之是非[⑫]，以是其所非而非其所是。欲是其所非而非其所是，则莫若以明[⑬]。

注释

①成心：业已形成的偏执之见。师：取法。

②代：变化更替。取：资证、取信。

③适：去、到。昔：昨天。这句是比喻，说明没

有成见就已经出现是非观念。

④神禹：神明的夏禹。

⑤吹：风吹。

⑥特：但，只。

⑦鷇kòu音：幼鸟即将破卵时的鸣叫声。

⑧辩：通“辨”，分辨，区别。

⑨恶wū：何，怎么。隐：隐秘，藏匿。

⑩小成：一时的、局部的成功。成，成就。

⑪荣华：木草之花，这里喻指华丽的辞藻。

⑫儒墨：儒家和墨家，战国时期两个政治和哲学流派。

⑬莫若以明：不如用明镜之心去观照。

译文

如果凭一己之见去作判断，那么谁没有自己的判断标准呢？何必一定是了解自然变化之理的智者？即便愚人也会有自己的判断标准。如果还没有形成定见就有了是非之心，这就像今天到越国去而昨天就已经到达。这就是把没有当作有。如果把没有当作有，即使圣明的大禹尚且不能通晓其中的奥妙，我又能怎么样呢？

言论并非风吹。发言者辩论纷纭，却给不出定论。果真说了吗？还是从未言说？他们都认为自己的言谈不同于雏鸟的鸣叫，有分别还是没有分别呢？

道是怎么隐匿起来而有了真和假呢？言论是怎

么隐匿起来而有了是与非呢？道就在那里而怎么又不存在了呢？言论是怎么存在而又不被认可呢？道被小小的成功所隐蔽，言论被浮华的辞藻所掩盖。所以就有了儒家和墨家的是非之辩，肯定对方所否定的东西而否定对方所肯定的东西。若要肯定对方所否定的东西而非难对方所肯定的东西，那么不如以空明的心境去观照事物本然的样子。

物无非彼，物无非是。自彼则不见，自是则知之。故曰彼出于是，是亦因彼。彼是方生之说也[①]，虽然，方生方死[②]，方死方生；方可方不可，方不可方可。因是因非，因非因是[③]。是以圣人不由[④]，而照之于天，亦因是也[⑤]。

是亦彼也，彼亦是也。彼亦一是非[⑥]，此亦一是非。果且有彼是乎哉[⑦]？果且无彼是乎哉？彼是莫得其偶[⑧]，谓之道枢[⑨]。枢始得其环中[⑩]，以应无穷[⑪]。是亦一无穷，非亦一无穷也。故曰莫若以明。

注释

①方生：并存。

②方：进行时式之动词。

③因：遵循，依托。

④不由：不走是非对立的路子。

⑤因：顺着。

⑥一：同一，同样。

⑦果：果真。

⑧偶：对，对立面。

⑨道枢：大道的关键之处。枢，枢纽 。

⑩环中：环的中心。

⑪应：适应，顺应。穷：尽。

译文

万物没有不是作为他物的“彼”，也没有不是作为自己的“此”的。从他物那一面看不见自己这一面，从自己这一面就能看明白。所以说：彼是出于此，此亦是源于彼。事物彼此对立的两个方面相互依存、相互对应。即便这样，万物之生伴随着死亡，死亡也同时伴随着新生；刚刚肯定随即就是否定，刚刚否定随即又予以肯定；依托正确的一面同时也就遵循了谬误的一面，依托谬误的一面同时也就遵循了正确的一面。因此圣人不走是非对立的道路，而是观察比照事物的本然，也就是顺应自然。

“此”也就是“彼”，“彼”也就是“此”。彼有是非，此有正误。世间万物果真存在彼此的分别吗？果真没有彼此的分别吗？彼此消融了对立，便是道的枢纽。合于道枢就像进入环的中心，以顺应世间无穷的变化。“是”没有尽头，“非”也没有尽头。所以说不如以空明的心境去观照事物本然的样子。

四

以指喻指之非指[1]，不若以非指喻指之非指也；以马喻马之非马[2]，不若以非马喻马之非马也。天地一指也，万物一马也。

注释

①指："指""马"是当时辩者辩论的一个重要命题，尤以战国名家学派公孙龙《指物论》和《白马篇》最著名。庄子用"指""马"的概念作喻说，原义乃在于提醒大家不必斤斤计较于彼此、人我的是非争论，更不必执着于一己的观点去判断他人。喻：说明。今取陈鼓应之译，将"指"译为大拇指与手指，说明两者类概念的不同。依陈说，如果用符号来代替，其意为：从A的观点来解说A不是B，不如从B的观点来解说A不是B。

②马：跟上句的"指"一样，同是当时论辩的主要论题。名家公孙龙《白马篇》曾阐述了"白马非马"的观点。本句出现六个"马"字，但在不同的句段中，意指不同。其中有四个"马"字指白马而省略了"白"字。

译文

用大拇指来说明大拇指不是手指，不如以非大拇指来说明大拇指不是手指；用白马来说明白马不是马，不如用非白马来说明白马不是马。其实从万物之道来看，天地就是“一指”，万物就是“一马”。

道行之而成，物谓之而然[1]。有自也而可，有自也而不可。有自也而然，有自也而不然。恶乎然？然于然。恶乎不然？不然于不然[2]。恶乎可？可于可。恶乎不可？不可于不可[3]。物固有所然，物固有所可。无物不然，无物不可。故为是举莛与楹[4]，厉与西施[5]，恢恑憰怪[6]，道通为一[7]。其分也[8]，成也[9]；其成也，毁也[10]。凡物无成与毁，复通为一。

注释

①谓：称谓、称呼。然：这样。

②然：对的、正确的。

③以上文句历来认为有错简或脱落现象，本段文字序列依严灵峰校订改正。

④莛 tíng：草茎。楹 yíng：厅堂前的木柱。“莛”“楹”对文，代指物之细小者与大者。

⑤厉：通“疠”，指皮肤溃烂，代指丑陋的人。西施：吴王美姬，古代著名的美人。

⑥恢：宽大。恑 guǐ：奇变。憰 jué：诡诈。怪：怪异。恢恑憰怪四字连在一起，概指千奇百怪的各种事态。

⑦一：浑一，一体。

⑧分：分开、分解。

⑨成：生成、形成。

⑩毁：毁灭，指失去了原有的状态。

译文

道路是人走出来的，事物的名称是人们叫出来的。可有它可的原因，不可有它不可的理由；是有它是的原因，不是有它不是的理由。为何是？自有它是的道理。为何不是呢？自有它不是的道理。为什么可？自有它可的道理。为什么不可呢？自有它不可的道理。万物原本就有是的一面，就有可的一面，没有什么东西不是，也没有什么不可。所以小草和大木，丑陋的癞头和美丽的西施，各种稀奇古怪的事情，从“道”的观点看它们都是相通而浑一的。万物有分，亦有所成，有所成，必有所毁。所以万物消融了完成与毁灭的对待区别，便回到道的完整统一了。

唯达者知通为一①，为是不用②，而寓诸庸③；因是已④。已而不知其然⑤，谓之道。劳神明为一⑥，而不知其同也，谓之朝三。何谓朝三？狙公赋芧曰⑦：“朝三而暮四。”众狙皆怒。曰：“然则朝四而暮三。”众狙皆悦。名实未亏而喜怒为用⑧，亦因是也。是以圣人和之以是非而休乎天钧⑨，是之谓两行[10]。

注释

①达：通达，“达者”这里指通晓事理的人。

②为是不用：为了这个缘故不用固执己见。

③寓：寄托。诸：之于。庸：功用。

④因：谓顺应，因物自然。是：此，指上述“为一”的观点，即物之本然而不要加以分别的观点。已：句末语气词。

⑤已：承上文而言，言“此而不知其然”。

⑥劳：操劳、耗费。神明：心思，指精神和才智。为一：了解、认识事物浑然一体、不可分割的道理。

⑦狙 jū 公：养猴子的人。狙，猴子。赋：给予。芧 xù：橡子。

⑧亏：亏损。为用：为之所用，意思是喜怒因此而有所变化。

⑨和：调和、混用。休：本指休息，这里指优游自得地生活。天钧：自然均衡的道理。钧，通“均”。

⑩两行：物与我，即自然界与自我的精神世界都能各得其所，自由发展。

译文

只有通达之士懂得万物通而为一的道理，因此他无须为了这个缘故固执己见而寄托在事物的功能上，这就是任自然的道理。顺着自然的路径行走而不知其所以然，这就叫“道”。有些人费尽心思去寻求“一”的真谛，而不知道万事万物的道理本来都是相同的，这就叫“朝三”。什么叫作“朝三”呢？养猴人给猴子分橡子，说：“早上分三升，晚上分四升。”猴子们听了非常愤怒。养猴人便改口说：“那么就早上四升，晚上三升吧。”猴子们听了都高兴起来。名和实并未改变，喜怒却因此而不同，就是这样的道理罢了。因此，古代圣人不执着于是非之争，保持事理自然均衡的状态，优游其中，这就叫“两行”。

古之人，其知有所至矣①。恶乎至？有以为未始有物者，至矣，尽矣，不可以加矣。其次，以为有物矣，而未始有封也②。其次，以为有封焉，而未始有是非也。是非之彰也，道之所以亏也。道之所以亏，爱之所以成。果且有成与亏乎哉？果且无成与亏乎哉？有成与亏，故昭氏之鼓琴也③；无成与亏，故昭氏之不鼓琴也。昭文之鼓琴也，师旷之枝策也④，惠子之据梧也⑤，三子之知，几乎皆其盛者也⑥，故载之末年⑦。唯其好之也⑧，以异于彼；其好之也，欲以明之⑨。彼非所明而明之，故以坚白之昧终⑩。而其子又以文之纶终[11]，终身无成。若是而可谓成乎？虽我无成，亦可谓成矣。若是而不可谓成乎？物与我无成也。是故滑疑之耀[12]，圣人之所图也[13]。为是不用而寓诸庸，此之谓以明。

注释

①至：最高的境界。

②封：疆界、界线。

③昭氏：即昭文，善于弹琴。郭象注说，无论多么大的管弦乐队，总不能一下子就把所有的声音全弹奏出来，总有些声音被遗漏。就弹奏出来的声音而言，这是有所成；就遗漏的声音而言，这是有所亏。所以一鼓琴就有成有亏，不鼓琴就无成无亏。

④师旷：晋平公时的著名乐师。枝策：动词，用枝或策叩击节拍，举杖击节，犹如今天的打拍子。

⑤惠子：惠施，古代名家学派的著名人物。据：依。梧：树名，梧桐树。

⑥几：尽，顶点。

⑦载：记载；一说载誉。末年：晚年。

⑧好hào：喜好。

⑨明：明白、表露。

⑩坚白：指石的颜色白而质地坚，但“白”和“坚”都独立于“石”之外。公孙龙曾有“坚白论”之说，认为石头的坚硬和色白是分离的，庄子极为反

对。昧：迷昧，偏蔽。

⑪其子：指昭文之子。一说指惠施之子。纶 lún：绪，这里指继承昭文的事业。

⑫滑 gǔ 疑：纷乱的样子，这里指各种迷乱人心的辩说。

⑬图：亦写作“啚”，疑为“鄙”字之误，瞧不起，摒弃。

译文

古时候的人，他们的智慧达到了最高的境界。什么是最高的境界呢？那时有人认为，宇宙初始尚未形成万物时，是智慧的最高境界，尽善尽美，而无以复加。次一等的人，探讨事物的存在，而不严格区别其界线。再次一等的人，认为万物有分别，但不计较是非。是非之心彰显了，道就有了亏损。道的亏损，是由于私好所形成。果真有完成与亏损吗？果真没有完成与亏损吗？事物有了完成与亏损，好比昭文弹琴。没有完成和亏损，好比昭文就不弹琴。昭文善于弹琴，师旷精于乐律，惠施乐于靠着梧桐树高谈阔论，这三位先生的才智可说是登峰造极了，所以载誉于晚年。正因他们各有所好，故炫异于别人；正因为各有所好，故希望彰显于他人。不是别人非要了解的东西偏要让别人去了解，因此这三人终身迷于“坚白论”的偏蔽；而昭文的儿子继承父业，终生却没有什么成就。像这样就可以称作成功吗？那么我们虽无成就也算是成功了。如果这样不能算成就，那么万物与我都谈不上成功了。因此，各种迷乱人心的炫耀，都是圣哲之人所鄙夷、摒弃的。所以说，圣人不以真知灼见夸示于人而寄寓在万物自身的功用上，这就叫作“以明”。

五

今且有言于此，不知其与是类乎[1]？其与是不类乎？类与不类，相与为类，则与彼无以异矣。

虽然，请尝言之[2]。有始也者，有未始有始也者，有未始有夫未始有始也者。有有也者，有无也者，有未始有无也者，有未始有夫未始有无也者。俄而有无矣[3]，而未知有无之果孰有孰无也。今我则已有谓矣[4]，而未知吾所谓之其果有谓乎，其果无谓乎？

天下莫大于秋豪之末[5]，而大山为小[6]；莫寿于殇子[7]，而彭祖为夭[8]。天地与我并生，而万物与我为一。既已为一矣，且得有言乎？既已谓之一矣，且得无言乎？一与言为二，二与一为三。自此以往，巧历不能得[9]，而况其凡乎[10]！故自无适有以至于三[11]，而况自有适有乎！无适焉，因是已[12]。

注释

①类：同类、相同。

②尝：试。

③俄而：突然。

④谓：评说、议论。以下几句同此解。

⑤于：比。豪：通“毫”，细毛。末：末稍。秋毫之末比喻事物的细小。

⑥大山：泰山。

⑦殇子：未成年而死的人。

⑧夭：夭折，短命。

⑨历：历数，计算。

⑩凡：平凡，这里指普通的人。

⑪适：往，到。

⑫因：顺应。已：矣。

译文

现在在这里说一些话，不知道这些话跟其他论者是相同的呢，还是不相同的呢？无论言论相同与否，既然都是言谈议论，那么和其他论者也没有什么区别了。

虽然这样，还是请让我试着把这一问题说一说。宇宙间有一个“开始”，同样有一个未曾开始的“开始”，还有一个未曾开始的“未曾开始”的“开始”。宇宙之初存在一个“有”，但也有个“无”，还有个未曾有过的“无”，有个未曾有过的“未曾有过”的

“无”。突然间生出了“有”和“无”，却不知道“有”与“无”，谁是真正的“有”、谁是真正的“无”。现在我已经说了这些话，但却不知道我果真说了吗？还是没说呢？

天下没有什么东西比秋天毫毛的末端更大的，但泰山却这么小；世人没有比夭折的婴儿更长寿，而彭祖却是短命的。天地与我共生，万物与我为一体。既然合而为一，还需要言论吗？既然已经称为一体，还能说没有言论吗？万物一体加上我的言论就成了“二”，“二”如果再加上一个“一”就成了“三”，以此类推，最精明的计算家也不能求得最后的数字，何况普通人呢？从“无”到“有”已经推到“三”，又何况从“有”推演到“有”呢！不必再往前算了，顺应自然就是了。

夫道未始有封[①]，言未始有常[②]，为是而有畛也[③]，请言其畛：有左，有右，有伦，有义[④]，有分，有辩，有竞，有争，此之谓八德[⑤]。六合之外[⑥]，圣人存而不论；六合之内，圣人论而不议[⑦]。春秋经世先王之志[⑧]，圣人议而不辩。故分也者，有不分也；辩也者，有不辩也。曰：何也？圣人怀之[⑨]，众人辩之以相示也[⑩]。故曰辩也者，有不见也。

注释

①封：界线，分别。

②常：定见，定论。

③为是：各自认为自己是正确的。是，对的，正确的。畛 zhěn：界线，这里泛指事物、事理间的界线和区分。

④伦：次序。义：仪，等别。一说本句当作“有论有议”，姑备参考。

⑤八德：八类、八种。儒墨等派所执持争论的八种。

⑥六合：天、地及东、西、南、北四方。

⑦论：研究。议：评说。

⑧春秋：这里泛指先王治世的记载，并非特指战国以前的那一段历史年代。经世：经纶世事，这是用调理织物来喻指治理社会。志：记载。

⑨怀：体认，指不去分辨物我和是非，把物与我、是与非都容藏于身。

⑩示：显示，这里含有夸耀于外的意思。

译文

以前，道没有分界，语言没有定说，为争一个“是”字，世人划分各种各样的界限。请看：有左，有右，有伦序，有等别，有分差，有辩驳，有竞言，有争持，这就是界线的八种表现。天地四方之外的事情，圣人存而不论；天地四方之内的事情，圣人只说不评议。至于春秋史实，圣人只评议不争辩。天下事理有分别，就有不分别，有辩论，就有不辩论。这是为什么？圣人在心中默默体认万物，众人则争辩不休，夸耀于外。所以说，大凡争辩，就有见不到的地方。

夫大道不称[①]，大辩不言，大仁不仁，大廉不嗛[②]，大勇不忮[③]。道昭而不道[④]，言辩而不及，仁常而不周[⑤]，廉清而不信，勇忮而不成。五者无弃而几向方矣[⑥]。

故知止其所不知，至矣。孰知不言之辩，不道之道？若有能知，此之谓天府[⑦]。注焉而不满[⑧]，酌焉而不竭[⑨]，而不知其所由来，此之谓葆光[⑩]。

注释

①称：举称。一说通“偁”，宣扬的意思。

②嗛 qiān：通“谦”，谦逊。

③忮 zhì：伤害。

④昭：明，这里指明白无误地完全表露出来。

⑤周：普遍，周全。郭象注：“物无常爱，而常爱必不周。”

⑥几：近，近似。

⑦天府：指自然生成的府库，也就是整个宇宙。府，储存财物的地方。

⑧注：注入。焉：讲作“于之”。

⑨酌：舀取。竭：尽。

⑩葆bǎo：藏，隐蔽。“葆光”即潜隐的光明。

译文

大道无须命名，大辩不必言说，大仁无所偏爱，大廉不谦让，大勇不伤害。“道”，说出来就不是道；“言”，争辩就有不及；“仁”，常爱则不能周全；“廉”，露形便不真实；“勇”，伤害便不能为勇。心中常念这些，也就离道近了。

一个人能止于所不知的境域，那就是绝顶的明智。谁能真正通晓不用语言的辩驳、不用称说的道理呢？假如有谁知道，他的心便是一个天然的府库。无论注入多少东西，它都不会满溢，无论倾出多少，它也不会枯竭，不知道源自何处，这就叫作“葆光”。

六

故昔者尧问于舜曰：“我欲伐宗、脍、胥敖[1]，南面而不释然[2]，其故何也？”舜曰：“夫三子者[3]，犹存乎蓬艾之间[4]。若不释然[5]，何哉？昔者十日并出[6]，万物皆照，而况德之进乎日者乎[7]！”

注释

①宗、脍、胥敖：三个小国国名。

②南面：君主临朝，古代帝王上朝理事总坐北朝南。不释然：耿介于怀的样子。

③三子者：指上述三国的国君。

④蓬艾：蓬蒿、艾草。

⑤若：你。

⑥十日并出：指古代寓言中十个太阳一并出来的故事，借喻阳光普照万物。

⑦进：进了一步，具有超过、胜过的意思。

译文

从前，尧问舜："我想征伐宗、脍、胥敖三个小国，每当临朝总因想起他们而心绪不宁，为什么呢？"舜说："那三个小国的国君，就像生存于蓬蒿艾草之中。为什么还要放在心中呢？从前十个太阳一块儿升起，万物都在阳光普照之下，何况你崇高的德行又远远超过了太阳的光芒呢！"

啮缺问乎王倪曰[①]："子知物之所同是乎[②]？"

曰："吾恶乎知之！"

"子知子之所不知邪？"

曰："吾恶乎知之！"

"然则物无知邪？"

曰："吾恶乎知之！虽然，尝试言之。庸讵知吾所谓知之非不知邪[③]？庸讵知吾所谓不知之非知邪？且吾尝试问乎汝：民湿寝则腰疾偏死[④]，鳝然乎哉[⑤]？木处则惴慄恂惧[⑥]，猨猴然乎哉[⑦]？

三者孰知正处？民食刍豢[8]，麋鹿食荐[9]，蝍蛆甘带[10]，鸱鸦嗜鼠[11]，四者孰知正味？猨猵狙以为雌[12]，麋与鹿交，鳝与鱼游[13]。毛嫱、西施[14]，人之所美也；鱼见之深入，鸟见之高飞，麋鹿见之决骤[15]。四者孰知天下之正色哉？自我观之，仁义之端[16]，是非之涂[17]，樊然殽乱[18]，吾恶能知其辩[19]！”

啮缺曰：“子不知利害，则至人固不知利害乎[20]？”

王倪曰：“至人神矣[21]！大泽焚而不能热[22]，河汉冱而不能寒[23]，疾雷破山而不能伤，飘风振海而不能惊。若然者，乘云气，骑日月，而游乎四海之外。死生无变于己[24]，而况利害之端乎！”

注释

①啮 niè 缺、王倪：传说中的古代贤人，实为庄子寓言故事中虚拟的人物。

②所同是：共同所认可的，共同标准。

③庸讵：怎么，哪里。

④湿寝：在潮湿的地方寝卧。偏死：偏瘫，即半身不遂。

⑤鳝 qiū：“鳅”的异体字，即泥鳅。

⑥木处：在高高的树木上居住。惴、慄、恂 xún、惧：四字都是恐惧、惧怕的意思。

⑦猨：“猿”的异体字，“猨猴”即“猿猴”。

⑧刍豢：用草喂养，这里代指家畜、牲口。刍 chú，草。豢 huàn，养。

⑨麋 mí：一种食草的珍贵兽类，与鹿同科。
荐 jiàn：美草。

⑩蝍蛆 jíjū：蜈蚣。甘：甜美，嗜好；这里作动词。
带：小蛇。

⑪鸱 chī：猫头鹰。

⑫猵狙 biān jū：一种类似猿猴的动物。

⑬游：戏游，即交尾。

⑭毛嫱 qiáng、西施：古代著名的美人。

⑮骤：快速奔跑。

⑯端：论点。

⑰塗：通“途”，道路，途径。

⑱樊然：杂乱的样子。殽 xiáo：通“淆”，混杂。

⑲辩：通“辨”，分别、区分的意思。

⑳至人：这里指能够达到忘我境界的、道德修养极高的人。

㉑神：神妙不测。

㉒泽：聚水的洼地。泽地水源充足，林木灌丛生长茂密。

㉓冱 hù：河水冻结。

㉔无变于己：意思是对于他自己全无变化。

译文

啮缺问王倪：“你知道万物有共通之处吗？”

王倪说：“我怎么知道呢！”

啮缺又问：“你知道你所不知道的东西吗？”

王倪回答说："我怎么知道呢！"

啮缺接着又问："那么万物就无法知道了吗？"

王倪回答："我怎么知道呢！虽然这样，我还是试着来回答你的问题。你怎么知道我所说的'知'不是'不知'呢？你又怎么知道我所说的'不知'不是'知'呢？我且问你：人睡在潮湿的地方就会腰部患病甚至酿成半身不遂，泥鳅也会这样吗？人爬上高树就会惶恐，猿猴也会这样吗？人、泥鳅、猿猴三者究竟谁的生活习惯才合标准呢？人吃肉，麋鹿吃草，蜈蚣爱吃小蛇，猫头鹰和乌鸦则爱吃老鼠，人、麋鹿、蜈蚣、猫头鹰和乌鸦这四类动物究竟谁的口味才合标准呢？猿猴和猵狙成为配偶，麋喜欢与鹿交合，泥鳅则与鱼交尾。毛嫱和西施，是公认的美人了，可是鱼儿见了她们就要潜入水底，鸟儿见了她们高高飞向天空，麋鹿见了她们飞快地逃离。人、鱼、鸟和麋鹿四者究竟谁才懂得天下真正的美色呢？依我来看，仁义的论点，是非的途径，纷杂错乱，我如何能加以区别！"

啮缺说："你不顾利害，至人难道也不知晓利害吗？"

王倪说："至人实在是神妙啊！山林焚烧不能使他感到热，江河冻结而不能使他感到冷，雷霆劈山破岩、狂风翻江倒海不能使他感到震惊。像这样的至人，便可驾云气，骑日月，遨游于四海之外，生死的变化都对他没有影响，何况利害的观念呢！"

瞿鹊子问乎长梧子曰[1]："吾闻诸夫子[2]：'圣人不从事于务[3]，不就利[4]，不违害[5]，不喜求，不缘道[6]；无谓有谓[7]，有谓无谓，而游乎尘垢之外。'夫子以为孟浪之言[8]，而我以为妙道之行也。吾子以为奚若[9]？"

长梧子曰："是黄帝之所听荧也[10]，而丘也何足以知之！且汝亦大早计[11]，见卵而求时夜[12]，见弹而求鸮炙[13]。予尝为女妄言之，女以妄听之奚[14]？旁日月[15]，挟宇宙，为其脗合[16]，置其滑涽[17]，以隶相尊[18]。众人役役[19]，圣人愚芚[20]，参万岁而一成纯[21]。万物尽然，而以是相蕴[22]。"

注释

①瞿鹊子、长梧子：杜撰的人名。

②夫子：孔子，名丘，字仲尼，儒家创始人。

③务：事务，含有琐细事务的意思。

④就：趋赴，追求。

⑤违：避开。

⑥缘：因循。"不缘道"即不拘于道。

⑦谓：说，言谈。

⑧孟浪：不真实，无稽之言。

⑨奚若：何如，怎么样。

⑩听荧 yíng：疑惑不明。

⑪大早：过早。计：考虑。

⑫时夜：司夜，即报晓的鸡。

⑬鸮 xiāo：一种肉质鲜美的鸟，俗名斑鸠。炙：烤肉。

⑭奚：这里用同“盍”，意思是“怎么不”。

⑮旁 bàng：依傍。

⑯脗合：合为一体。脗，“吻”字的异体。

⑰滑 gǔ：通“汩”，纷乱的意思。涽 hūn：乱。

⑱隶：奴仆，这里指地位卑贱，与“尊”相对。

⑲役役：驰骛于是非之境，意思是一心忙于分辨所谓的是与非。

⑳芚 chūn：浑然无所觉察的样子。

㉑参：糁糅。万岁：年代久远。“参万岁”意思是糅合历史的长久变异与沉浮。纯：精粹不杂，指不为纷乱和差异所乱。

㉒以是：因此，因为这个缘故。蕴：积。

译文

瞿鹊子向长梧子问道：“我听孔夫子说：‘圣人不理俗务，不贪私利，不回避灾害，不喜欢妄求，不因循成规；没说什么又好像说了些什么，说了又好像没说，因而遨游于世俗之外。’孔夫子认为这是无稽之谈，而我觉得是妙道之径。你认为怎样？”

长梧子说：“这些话黄帝也会疑惑不解的，而孔丘怎能知晓呢！你未免操之过急，就好像见到鸡蛋便想立即得到报晓的公鸡，见到弹丸便想立即吃到烤熟的斑鸠肉。我姑且说说，你也就姑且听听。怎么样？圣人同日月而升，怀藏宇宙，与万物合而为一，是非淆乱置之不问，尊卑贵贱等而视之。众人熙熙攘攘，圣人浑朴相安，他糅合古今变异沉浮，自己却浑然天成，精纯不杂。万物皆是如此，相互蕴积于浑朴而又精纯的状态之中。”

“予恶乎知说生之非惑邪①！予恶乎知恶死之非弱丧而不知归者邪②！丽之姬③，艾封人之子也④，晋国之始得之也，涕泣沾襟；及其至于王所⑤，与王同筐床⑥，食刍豢，而后悔其泣也。予恶乎知夫死者不悔其始之蕲生乎⑦！

“梦饮酒者，旦而哭泣；梦哭泣者，旦而田猎⑧。方其梦也⑨，不知其梦也。梦之中又占其梦焉，觉而后知其梦也。且有大觉而后知此其大梦也。而愚者自以为觉，窃窃然知之⑩。君乎，牧乎，固哉⑪！丘也与女，皆梦也；予谓女梦，亦梦也。是其言也，其名为吊诡⑫。万世之后而一遇大圣，知其解者，是旦暮遇之也⑬。”

注释

①说 yuè：通“悦”，喜悦。

②恶死：讨厌死亡。弱：年少。丧 sàng：丧失，这里指流离失所。

③丽：丽戎，春秋时的小国。姬：美女。“丽之姬”即丽姬，宠于晋献公，以美貌称世。

④艾：地名。封人：封疆守土的人。

⑤及：等到。

⑥筐床：亦写作“匡床”，方正而又安适的床。

⑦蕲 qí：祈，求的意思。

⑧田：打猎。

⑨方：正当。

⑩窃窃然：明察的样子。

⑪牧：牧夫，指卑贱的人，与高贵的“君”相对。固：鄙陋。

⑫吊 diào 诡：奇特、怪异。

⑬旦暮：很短的时间，含有偶然的意思。万世疾速即逝，可能很快就能遇到大圣人。

译文

“我怎么知道贪生不是迷惑呢？我怎么知道怕死不是像自幼流落在外而不知归乡那样呢？丽姬是艾地封疆守土之人的女儿，晋国征伐丽戎时俘获了她，她当时哭得泪水浸透了衣襟；等她到晋国进入王宫，跟晋侯同睡一床，共享美味珍馐，这才后悔当初不该那么伤心地哭泣了。我怎么知道死了以后不会后悔当初的贪生呢？

“梦见饮酒作乐的人，醒后可能会遇到不如意的事情而哭泣；梦见伤心痛哭的人，醒后可能会有一场痛快的打猎。人在梦中，却不知道是在做梦。有时梦中还在做梦，醒了之后才知道是做梦。人在最为清醒的时候方知自己也是一场大梦，而愚昧的人自以为清醒，自以为什么都懂。君尊臣卑，这种看法实在是浅薄鄙陋呀！孔丘和你都是在做梦，我说你们在做梦，其实我也在做梦。这些话，算是奇异的言谈。万世之后，假若遇上一位大圣人，了悟这个道理，也如同早晚遇着的一样！”

“既使我与若辩矣①，若胜我，我不若胜②，若果是也，我果非也邪？我胜若，若不吾胜，我果是也，而果非也邪③？其或是也，其或非也邪？其俱是也，其俱非也邪？我与若不能相知也，则人固受其黮暗④，吾谁使正之⑤？使同乎若者正之？既与若同矣，恶能正之！使同乎我者正之？既同乎我矣，恶能正之！使异乎我与若者正之？既异乎我与若矣，恶能正之！使同乎我与若者正之？既同乎我与若矣，恶能正之！然则我与若与人俱不能相知也，而待彼也邪⑥？

“化声之相待⑦，若其不相待，和之以天倪⑧，因之以曼衍⑨，所以穷年也⑩。何谓和之以天倪？曰：是不是，然不然。是若果是也，则是之异乎不是也，亦无辩；然若果然也，则然之异乎不然也亦无辩。忘年忘义[11]，振于无竟[12]，故寓诸无竟[13]。”

注释

①我：说话人长梧子。若：你，即说话人的对方。

②不若胜：即不胜你。

③而：你。

④黮 dǎn 暗：昏暗不明的样子。

⑤谁使：使谁。

⑥彼：另外的什么人。

⑦化声：变化的声音，这里指是非不同的言论。

⑧倪：分，“天倪”即天然的分际。

⑨因：顺应。曼衍：散漫流衍，不拘常规。

⑩所以：用这样的办法来。穷：尽，终了。

⑪年：概指生死。义：概指是非。

⑫振：畅。竟：通“境”，境界，境地。

⑬寓：寄托。

译文

“倘使我和你辩论，你胜了我，我没有胜你，那么，你果真对，我果真错吗？我胜了你，你没有胜我，我果真对，你果真错吗？难道我们两人有谁是正确的，有谁是不正确的吗？难道我们两人都是正确的，或都是错误的吗？我和你都无从知道，而世人皆有偏见，我们能让谁来评判是非呢？让观点跟你相同的人来判定吗？既然看法跟你相同，怎么能作出公正的评判！让观点跟我相同的人来判定吗？既然看法跟我相同，怎么能作出公正的评判！让观点不同于我和你的人来判定吗？既然看法不同于我和你，怎么能作出公正的评判！让观点跟我和你都相同的人来判定吗？既然看法跟我和你都相同，又怎么能作出公正的评判！那么，我和你跟大家都不能评判是非了，还等谁呢？

“是非之论相互对立而成，如果要使它们不相对立，就用自然的分际来调和它，用无尽的变化来顺应它，随物变化而逍遥一生吧。什么叫调和自然的分际？对的也就像是不对的，正确的也就像是不正确的。对的假如确实对，那么对的不同于不对的，这就无须争辩；正确的假如确实正确，那么正确的不同于不正确的，这也无须争辩。忘掉死生忘掉是非，逍遥于无穷的境界，因此圣人总把自己寄托于无穷无尽的境域之中。”

七

罔两问景曰[①]：“曩子行[②]，今子止；曩子坐，今子起；何其无特操与[③]？”

景曰：“吾有待而然者邪[④]？吾所待又有待而然者邪？吾待蛇蚹蜩翼邪[⑤]？恶识所以然！恶识所以不然！”

昔者庄周梦为胡蝶[⑥]，栩栩然胡蝶也[⑦]，自喻适志与[8]！不知周也。俄然觉[9]，则蘧蘧然周也[10]。不知周之梦为胡蝶与，胡蝶之梦为周与？周与胡蝶，则必有分矣。此之谓“物化”[11]。

注释

①罔两：影子之外的微阴。景：影子；这个意义后来写作“影”。

②曩 nǎng：以往，从前。

③特：独。操：操守。

④待：依靠，凭借。

⑤蚹 fù：蛇肚腹下的横鳞，蛇赖此行走。蜩：蝉。

⑥胡蝶：亦作“蝴蝶”。

⑦栩栩然：欣然自得的样子。

⑧喻：通“愉”，愉快。适志：合乎心意，心情愉快。

⑨俄然：突然。

⑩蘧 jù 蘧然：惊惶的样子。

⑪物化：物我界限消解，万物融化为一。

译文

影子外面的微阴问影子：“先前你行走，现在又停下；刚才你坐着，现在又站了起来。你怎么没有自己独立的意志呢？”

影子回答说：“我是有所依凭才这样的吗？我所依凭的东西又有所依凭才这样的吗？我所依凭的东西难道像蛇的腹鳞和鸣蝉的翅膀吗？我怎么知道为

什么会这样！又怎么知道为什么而不是这样！”

以前，庄周梦见自己变成蝴蝶，翩翩起舞的一只蝴蝶，遨游各处，悠游自在！不知道自己原本是庄周。梦醒了，惊惶间方知自己是庄周。不知是庄周梦化为蝴蝶呢，还是蝴蝶梦化为庄周？庄周与蝴蝶那必定是有区别的。这种转变就叫作“物化”。

养生主

题解

人与牛一样生老病死，我们甚至都不能回答究竟是牛死于人手，还是人死于牛蹄之下。庖丁解牛讲的是养生之道，无论谁生谁死，我们理应合于自然之道，学会听天命而泰然处之，最终达到遗忘的境界。也是要懂得忘记，才能通达养生之道。

“养生主”意思就是养生的要领。庄子认为，养生之道重在顺应自然，忘却情感，不为外物所滞。人的一生，如白驹过隙，时时提醒我们忘情，忘生，忘己。而这一生，又如此漫长，充满苦难，时时提醒我们养生，保身，安心。如果人生是一个轮回，这终其一生的养生便是为了不期而遇的生死，这漫漫无极的苦难亦是为了淡然会心的一笑。

全文分成三个部分，第一部分是全篇的总纲，指出养生最重要的是要做到“缘督以为经”，即秉承事物中虚之道，顺应自然的变化与发展。第二部分讲述庖丁解牛的故事，以庖丁解牛比喻人之养生，说明处世、生活都要“因其固然”“依乎天理”，而且要取其中虚“有间”，怀着“怵然为戒”的审慎态度，方能“游刃有余”。第三部分，以右师之介写破除身形之执，以泽雉不入樊笼写自由逍遥之乐，以秦失吊唁老聃写安时处顺的人生态度，从而进一步说明养生的关键在于听凭天命，顺应自然，“安时而处顺”的生活态度。篇末结语以火种不灭比喻精神生命的永恒。

一

吾生也有涯①，而知也无涯②。以有涯随无涯③，殆已④；已而为知者⑤，殆而已矣。为善无近名⑥，为恶无近刑。缘督以为经⑦，可以保身，可以全生⑧，可以养亲⑨，可以尽年⑩。

注释

①涯：边际，极限。

②知 zhì：知识，才智。

③随：追随，索求。

④殆：危险，这里指疲困不堪，神伤体乏。

⑤已：此，如此；这里指上句所说的用有限的生命索求无尽的知识的情况。

⑥近：接近，这里含有追求、贪图的意思。

⑦缘：顺着，遵循。督：中，正道。中医有奇经

八脉之说，所谓督脉即身背之中脉，具有总督诸阳经之作用；“缘督”就是顺从自然之中道的含意。经：常。

⑧生：通“性”，“全生”意思是保全天性。

⑨养亲：依陈鼓应之说，“亲”或为“身”的借字。

⑩尽年：终享天年，不使夭折。

译文

人的生命是有限的，而知识却是无限的。以有限的生命去追求无限的知识，势必体乏神伤，既然如此还要上下求索，那更是疲惫不堪！做了世人所谓的善事而不去贪图名声，做了世人所谓的恶事而避免刑戮之害。遵从自然的道理，并把它作为面对世事的常法，就可以保护生命，保全天性，养护身体，可以终享天年。

二

庖丁为文惠君解牛[1]，手之所触[2]，肩之所倚[3]，足之所履[4]，膝之所踦[5]，砉然响然[6]，奏刀𬴃然[7]，莫不中音[8]；合于《桑林》之舞[9]，乃中《经首》之会[10]。文惠君曰：“谆[11]，善哉！技盖至此乎[12]？”

注释

①庖丁：厨师。为：替，给。文惠君：旧说指梁惠王。

解：剖开、分解。

②触：接触。

③倚：靠。

④履：踏、踩。

⑤踦yǐ：通“倚”，抵住。

⑥砉xū然：皮骨相分离的声音。响然：多种声音相互响应的样子。

⑦奏：进。騞huō然：以刀快速割牛的声音。

⑧中音：合乎音乐的节奏。中zhòng，合乎。

⑨桑林：传说中的殷商时代的乐曲名。

⑩经首：传说中帝尧时代的乐曲名。会：乐律，节奏。

⑪譆xī：同“嘻”，叹词，表示赞叹、惊惧等。

⑫盖：通“盍”，怎么。

译文

庖丁给文惠君宰牛，分解牛体时手接触的地方，肩靠着的地方，脚踩踏的地方，膝抵住的地方，都发出砉砉的声响，快速进刀时刷刷的声音，无不像美妙的音乐；合于桑林乐章的舞步，合于经首乐章的韵律。文惠君说：“啊，妙极了！技术怎能达到这般地步呢？”

庖丁释刀对曰[①]：“臣之所好者道也[②]，进乎技矣[3]。始臣之解牛之时，所见无非全牛者。三年之后，未尝见全牛也。方今之时，臣以神遇而不以目视[4]，官知止而神欲行[5]。依乎天理[6]，批大郤[7]，导大窾[8]，因其固然[9]，枝经肯綮之未尝微碍[10]，而况大軱乎[11]！良庖岁更刀[12]，割也；族庖月更刀[13]，折也[14]。今臣之刀十九年矣，所解数千牛矣，而刀刃若新发于硎[15]。彼节者有间[16]，而刀刃者无厚；以无厚入有间，恢恢乎其于游刃必有余地矣[17]。是以十九年而刀刃若新发于硎。虽然，每至于族[18]，吾见其难为，怵然为戒[19]，视为止，行为迟。动刀甚微，謋然已解[20]，牛不知其死也，如土委地[21]。提刀而立，为之四顾，为之踌躇满志[22]，善刀而藏之[23]。"

文惠君曰："善哉！吾闻庖丁之言，得养生焉[24]。"

注释

①释：放下。

②好 hào：喜好。道：事物的规律。

③进：进了一层，含有超过、胜过的意思。乎：于，比。

④神：精神，心思。

⑤官：器官，这里指眼。知：知觉，这里指视觉。

⑥天理：自然的纹理，这里指牛体的自然结构。

⑦批：击。郤 xì：通"隙"，这里指牛体筋腱骨骼间的空隙。

⑧导：引导，导向。窾 kuǎn：空，这里指牛体骨节间较大的空处。

⑨因：依，顺着。固然：本然，原本的样子。

⑩枝 zhī：支脉。经：经脉。“枝经”指经络结聚的地方。肯：附在骨上的肉。綮 qìng：骨与肉盘结处。未：不曾。尝：尝试。

⑪軱 gū：大骨。

⑫岁：每年。更：更换。

⑬族：众，“族庖”指一般的厨师。

⑭折：断，这里指用刀砍断骨头。

⑮发：出，这里指刚从磨刀石上磨出来。
硎 xíng：磨刀石。

⑯间 jiàn：缝，间隙，这个意义后代写作“间”。

⑰恢恢：宽广。游刃：运转的刀刃。

⑱族：指骨节、筋腱聚结交错的部位。

⑲怵 chù然：小心谨慎的样子。

⑳謋 huò：牛体分解的声音。

㉑委：堆积。

㉒踌躇：悠然自得的样子。满志：满足了心意。

㉓善：摆弄，擦拭。

㉔养生：其后省中心语，意思是“养生之道”。

译文

厨师放下刀回答说：“我所爱好的是道，比技术高了一层。我起初宰牛时，所看见的只是一头牛。

三年之后，就不曾看到过整体的牛了。现在，我只用心神去接触而不必用眼睛去观察，官能似乎停了下来而心神还在运行。顺着牛体自然的纹理，劈开肌骨间的缝隙，导向骨节间的空隙，顺着牛的天然结构去解剖；甚至连经络相连的地方都没有一点妨碍，何况那些大骨头呢！优秀的厨师一年更换一把刀，因为他们是在用刀割肉；普通的厨师一个月就更换一把刀，因为他们是在用刀砍骨头。如今我使用的这把刀已经十九年了，宰杀的牛上千头了，而刀刃锋利得就像刚从磨刀石上磨过一样。牛的骨节间是有空隙的，而刀刃几乎没有什么厚度，用薄薄的刀刃插入有空隙的骨节间，对于刀刃的运转和回旋来说那是多么宽绰而有余地呀。所以我的刀使用了十九年，而刀锋仍像刚从磨刀石上磨过一样。虽然这样，每当遇上筋腱、骨节聚结交错的地方，我仍然觉得难于下刀，为此而格外谨慎不敢大意，目光专注，动作迟缓，刀子微微一动，牛就哗啦啦地解体了，像是泥土散落地上一般，牛还不知道自己已经死了呢。这时候，我就提着刀站在那儿，环顾四周，感到心满意足，这才擦拭好刀收藏起来。”

文惠君说：“妙啊，我听了厨师这一番话，从中得到养生的道理了。”

三

公文轩见右师而惊曰[①]:“是何人也？恶乎介也[②]？天与，其人与？”曰：“天也，非人也。天之生是使独也[③]，人之貌有与也[④]。以是知其天也，非人也。”

泽雉十步一啄[⑤]，百步一饮，不蕲畜乎樊中[⑥]。神虽王[⑦]，不善也。

注释

①公文轩：相传为宋国人，复姓公文，名轩。右师：官名，古人常有借某人之官名称谓其人的习惯。

②介：独，只有一足。

③是：此，指代形体上只有一只脚的情况。独：只有一足。

④与：旧注解释为“共”，所谓“有与”即两足共行。一说“与”当讲作“赋予”，意思是人的外形当是自然的赋予。

⑤雉 zhì：雉鸟，俗称野鸡。

⑥蕲 qí：祈求，希望。畜：养。樊：笼。

⑦王 wàng：通“旺”，旺盛。

译文

公文轩见到右师大吃一惊，说：“这是什么人？怎么只有一只脚呢？是天生只有一只脚，还是人为才这样？”右师说：“天生的，不是人为的。老天爷生就了我这样的形体，让我只有一只脚，人的形貌是上天所赋予的。所以知道是天生的，不是人为的。”

沼泽边的野鸡走上十步才啄到一口食物，走上百步才能喝到一口水，可是它丝毫不会祈求被畜养在笼子里。（生活在樊笼里）虽然不必费力寻食，精力也很旺盛，可那也是不快乐的。

老聃死[①]，秦失吊之[②]，三号而出[③]。

弟子曰：“非夫子之友邪？”

曰：“然。”

“然则吊焉若此，可乎？”

曰：“然。始也吾以为至人也[④]，而今非也。向吾入而吊焉[⑤]，有老者哭之，如哭其子；少者哭之，如哭其母。彼其所以会之[⑥]，必有不蕲言而言，不蕲哭而哭者。是遁天倍情[⑦]，忘其所受[⑧]，古者谓之遁天之刑[⑨]。适来，夫子时也[⑩]；适去，夫子顺也。安时而处顺，哀乐不能入也，古者谓是帝之县解[⑪]。”

指穷于为薪[⑫]，火传也，不知其尽也。

注释

①老聃 dān：相传即老子，楚人，姓李名耳。

②秦失 yì：亦写作“秦佚”，老聃的朋友。

③号：这里指大声地哭。

④至人：指超凡脱俗，达到无我境界的人。

⑤向：刚才。

⑥彼其：指哭泣者，即前四句中的“老者”和“少者”。

⑦遁：逃避，违反。倍：通“背”，违背、违反。一说“倍”讲作“加”，增益。

⑧忘其所受：大意是忘掉了受命于天的道理。

⑨刑：过失。一说“刑”即刑辱之意。

⑩夫子：指老聃。

⑪帝：天，万物的主宰。县xuán：同“悬”。“帝之县解”犹言“自然解脱”。

⑫指、薪：脂薪，又称烛薪，用以取光照物。

译文

老聃死了，秦失前去吊丧，大哭三声便离开了。

老聃的弟子问道：“你不是我们老师的朋友吗？”

秦失说：“是的。”

弟子们又问：“那么吊唁朋友像这样，行吗？”

秦失说：“行。以前我认为他是至人，现在看来并不是。刚才我去吊唁，看见有老年人在哭他，像做父母的在哭自己的孩子；有年轻人在哭他，像做孩子的在哭自己的父母。像这样聚在一起悲伤，定是情感执着，本不想哭泣却情不自禁地痛哭起来。如此喜生恶死是违反常理、违背实情的，他们都忘记了我们所禀赋的生命有限的道理，古时候人们称这种作法是背离自然的过失。来到世上，他应时而生；离开人世，他顺时而死。安心适时，顺从自然，哀伤和欢乐便不能牵绊人心，古时候人们把这种解脱称为解除倒悬。”

烛薪终会燃尽，火种却传续下去，永远不会熄灭。

人间世

题解

一棵树，于天地之间，没有美丑的焦虑，没有是非的执着，没有悲欢的姿态，因而能够站成永恒。正是这许多个没有，成就了这棵树的有。以无用为大用，便是人世间处事的哲学。

“人间世”篇主要讨论人生处世之道。乱世之下，人间如同炼狱，唯有虚己顺物，外则正身而知命，内则“心斋”“坐忘”，以无用为大用，才能涉乱世而保全身。木不成材，然终享天年；人有残缺，却避祸得福。正因这世间皆是相对的关系，所以更应保持泰然通达的态度，笑对世间的一切。

全文可分为七个部分，第一部分假托颜回出仕卫国的故事，说明社会动乱之艰险。颜回向孔子请教，打算用“端而虚，勉而一”“内直而外曲，成而上比”等方法应对卫君。孔子为颜回指出“心斋”的方法，让心境归于空明澄澈。第二部分假托叶公子高出使齐国向孔子求教的故事，说明君臣之道不易。孔子提出“忘身”“游心”“养中”之法，放下心中的负担，顺其自然而为。第三部分假托颜阖被请去做卫太子师傅时向蘧伯玉讨教的故事，说明与储君相处之难，蘧伯玉提出“正身”为首，继而“形莫若就，心莫若和”，顺从而疏导的方法。第四部分借无用之木久存于世比喻一个人之所以能独享天年，原因在于显示自己的“无用”，以有德显示无德于世，以有用显示无用于世。第五部分借有用之木不能久活于世以示“无用之用”。第六部分借支离疏形体不全却避除了许多灾祸来比喻说明“无用之用”。第七部分借楚国狂人接舆讽刺孔子，认为孔子因显示自己的才华而招祸于身。乱世当前，有才者应懂得无用之为大用而保全自身，执着于“有用”并非处乱世之道。

一

颜回见仲尼①，请行。

曰：“奚之②？”

曰：“将之卫。”

曰：“奚为焉？”

曰：“回闻卫君，其年壮，其行独③，轻用其国，而不见其过；轻用民死，死者以（国）量乎泽，若蕉④，民其无如矣⑤。回尝闻之夫子曰：‘治国去之⑥，乱国就之⑦，医门多疾。’愿以所闻⑧，思其所行，则庶几其国有瘳乎[9]！”

注释

①颜回：孔子的弟子，姓颜，名回，字子渊，鲁国人。仲尼：孔子，仲尼为字。

②之：往。

③独：专断。

④若蕉：比喻死人如麻。蕉，草芥。

⑤如：往。

⑥去：离。

⑦就：趋赴，前往。

⑧以：用，根据。

⑨庶几：也许可以，含有希望的意思。瘳chōu：病愈，指国家恢复元气。

译文

颜回拜见老师仲尼，向他辞行。

孔子说：“到哪里去呢？”

颜回回答：“打算去卫国。”

孔子说：“去卫国干什么呢？”

颜回说：“我听说卫国的国君，年轻气盛，行为专断，处理政事则轻举妄动，而不知悔改；轻率出兵，死伤无数，死者如枯草遍野，而活下来的则无所依归。我曾听老师说：‘安定的国家可以离开，危乱的国家可以前往，就像医生的门前有很多病人’。我希望根据先生的这些教诲思考治理卫国的办法，也许还可以逐步恢复元气吧！”

仲尼曰：“譆！若殆往而刑耳[1]！夫道不欲杂，杂则多，多则扰，扰而忧，忧而不救。古之至人，先存诸己而后存诸人[2]。所存于己者未定，何暇至于暴人之所行[3]！

“且若亦知夫德之所荡而知之所为出乎哉[4]？德荡乎名，知出乎争。名也者，相轧也[5]；知也者，争之器也。二者凶器，非所以尽行也。

“且德厚信矼[6]，未达人气[7]，名闻不争，未达人心。而强以仁义绳墨之言炫暴人之前者[8]，是以人恶育其美也[9]，命之曰菑人[10]。菑人者，人必反菑之，若殆为人菑夫！且苟为悦贤而恶不肖[11]，恶用而求有以异[12]？若唯无诏[13]，王公必将乘人而斗其捷[14]。而目将荧之[15]，而色将平之[16]，口将营之[17]，容将形之[18]，心且成之[19]。是以火救火，以水救水，名之曰益多。顺始无穷，若殆以不信厚言，必死于暴人之前矣！”

注释

①殆：恐怕，大概。刑：遭受杀戮。

②存：存立，这里指道德修养的建立。

③暴人：施政暴虐的人，这里指卫国国君。

④荡：丧失，毁坏。所为：……的原因。

⑤轧：倾轧。

⑥矼 qiāng：坚实、笃厚。

⑦人气：民情、民心。

⑧绳墨：喻指规矩、规范。

⑨育：通“鬻”，炫耀。其：自己。

⑩命之：名之，称谓它。菑 zāi：“災”字的异体，“災”字今简化为“灾”。

⑪悦：喜好。不肖：不像，这里指不学好。

⑫而：汝，你。

⑬唯：只。诏：告，这里指向卫君进言。

⑭王公：指卫君。乘：趁。捷：形容言语快捷善辩。

⑮荧 yíng：昏眩，迷惑。

⑯色：脸色。平：平和。

⑰营：营救，这里指用言语自我解脱。

⑱容：容颜、态度。形：显露，表现。

⑲成之：以之为成，认可对方的作为。

译文

孔子说：“唉！你恐怕去了就会遭到杀害啊！道是不宜掺杂的，杂乱了就会多事，事多就会受到扰乱，扰乱就会引起忧患，忧患到来再自救也就来不及了。古时的至人，先完善自己，再扶助他人。如果自己还立不稳，怎能去纠正暴君的行为！

“你懂得‘道’之所以失真，‘智’之所以外露的原因吗？‘道’之所以失真是因为好名，‘智’之所以外露是因为好胜。名声是人们互相倾轧的原因，智慧是互相争斗的工具；二者都是凶器，不可以将它推行于世。

“一个人虽然德性纯厚，诚实笃信，可人们未必了解，即便他不去争名，别人也并不理解。如果你强用仁义道德规范的言论游说暴君，这就好比用别人的丑行来显示自己的美德，这样的做法可以说是害人。害人的人一定会被别人所害，你这样做恐怕会遭到别人的伤害！况且，如果卫君喜好贤能而讨厌小人，哪里用得着你去显异于别人？除非你不去谏诤，否则卫君一定会抓住你说话的漏洞展开他的辩论。你必将眼花缭乱，面色和顺，言谈上只顾自救，容貌将被迫俯就，内心无主也就姑且认同卫君了。用火救火，用水救水，这叫帮凶。有了依顺他的开始，以后顺从他的旨意便会没完没了，假如你未能取信便厚言谏诤，一定会死在暴君面前。”

“且昔者桀杀关龙逢[①]，纣杀王子比干[②]，是皆修其身以下伛拊人之民[③]，以下拂其上者也[④]，故其君因其修以挤之[⑤]。是好名者也。昔者尧攻丛、枝、胥敖[⑥]，禹攻有扈[⑦]，国为虚厉[⑧]，身为刑戮，其用兵不止，其求实无已[⑨]。是皆求名实者也。而独不闻之乎？名实者，圣人之所不能胜也，而况若乎！虽然，若必有以也[10]，尝以语我来[11]！”

注释

①桀：夏代最后一个国君，素以暴虐称著于史。关龙逢：夏桀时代的贤臣，因直言劝谏而被夏桀杀害。

②纣：商代最后一个国君，史传又一个暴君。比干：商纣王的庶出叔叔，也因力谏而被纣王杀害。

③下：下位，居于臣下之位。伛拊 yǔfǔ：怜爱抚育。人：人君的省称。

④拂：违反。上：居于上位的人，这里指国君。

⑤修：美好，这里专指很有道德修养。挤：排斥。

⑥丛、枝、胥敖：三个小国。《齐物论》作宗、脍、胥敖。

⑦有扈：古国名，今陕西鄠县。

⑧虚：墟所，这个意义后来写作“墟”。厉：死而无后。

⑨实：实利。已：止。

⑩有以：有所依凭。

⑪以语我：把它告诉给我。来：句末语气词，表示感叹。

译文

“从前，夏桀杀害了敢于直谏的关龙逢，商纣王杀害了力谏的叔叔比干，这些贤臣修身养德而以臣下的地位抚爱人君的百姓，同时也以臣下的地位违逆了他们的国君，所以他们的国君就因为他们道德修养高尚而排斥他们、杀害了他们。这就是喜好名声的结果。当年帝尧征伐丛、枝和胥敖，夏禹攻打有扈，这些国家变为废墟，百姓死伤无数，国君亦惨遭杀戮，这是因为他们不断用兵，贪利不已。这都是求名好利的结果，难道你没有听说过吗？名利之心，即便圣人也不可能超越，何况是你呢？虽然这样，你必定有自己的想法，姑且说给我听听吧！”

颜回曰："端而虚①，勉而一②，则可乎？"

曰："恶③！恶可！夫以阳为充孔扬④，采色不定⑤，常人之所不违，因案人之所感⑥，以求容与其心⑦。名之曰日渐之德不成⑧，而况大德乎！将执而不化⑨，外合而内不訾⑩，其庸讵可乎⑪！"

注释

①端：端庄、正派。虚：虚豁、谦逊。“端”指外表，“虚”指内心。

②勉：勤恳努力。一：这里是始终如一，忠贞不贰的意思。

③恶 wū：叹词，驳斥之声；与下句疑问代词用法的“恶”不同。

④阳：刚猛之盛气。充：满，充斥于心。孔：甚，很。扬：露于外表。

⑤采色不定：喜怒无常。采色，这里指面部表情。

⑥案：压抑，压制。

⑦容与：放纵，畅快。

⑧日渐之德：指小德。渐，浸渍、润泽。

⑨执：固守己见。

⑩外合：外表赞同附和。訾 zǐ：非议。

⑪其：那，那样。庸讵：怎么。

译文

颜回说："我外表端肃而内心谦虚，勤奋努力而终始如一，这样可以吗？"

孔子说："唉，这怎么可以呢！卫君刚猛暴烈，骄纵意气，而且喜怒无常，人们都不敢违背他，他也借此压制人们的劝告，放纵他的欲望。这种人每天用小德感化他都没用，更何况用大德来劝导呢？他必将固守己见，即便表面赞同而内心却必不如此，你那样的想法怎么能行得通呢？"

"然则我内直而外曲[①]，成而上比[②]。内直者，与天为徒[③]。与天为徒者，知天子之与己皆天之所子[④]，而独以己言蕲乎而人善之[⑤]，蕲乎而人不善之邪？若然者，人谓之童子[⑥]，是之谓与天为徒。

外曲者，与人为徒也。擎跽曲拳[⑦]，人臣之礼也，人皆为之，吾敢不为邪！为人之所为者，人亦无疵焉[⑧]，是之谓与人为徒。成而上比者，与古为徒。其言虽教，谪之实也[⑨]，古之有也，非吾有也。若然者，虽直而不病[⑩]，是之谓与古为徒。若是则可乎？”

仲尼曰："恶！恶可！大多政法而不谍[⑪]，虽固亦无罪[⑫]。虽然，止是耳矣[⑬]，夫胡可以及化[⑭]！犹师心者也[⑮]。”

注释

①直：正直，光明正大。曲：弯曲，含有俯首曲就的意思。

②成：成就，指心中有数，已有成熟的主张和看法。上比：跟古代的作法相比较。上，上世，指古代。

③天：自然。

④所子：所养育的子女。

⑤善之：以之为善，把这样的言论看作是正确的。

⑥童子：未成年的人。

⑦擎：举，这里指手里拿着朝笏。跽 jì：跪拜。曲拳：鞠躬。

⑧疵 cī：诽谤。

⑨谪 zhé：谴责、责备。

⑩病：怨恨、祸害。

⑪大：读作“太”。政：通“正”，端正，纠正。谍：当。

⑫固：固陋，执着而不通达。

⑬止是：只此。耳矣：罢了。

⑭胡：何，怎么。

⑮师：以……为师。心：这里指内心的定见。

译文

颜回说：“如此，那我就内心诚直而外表恭敬，内心自有主见，并处处向古代贤人看齐。内心诚直，这是与自然同类。跟自然同类，可知国君与我，在本性上都属于天生的。这样的话，我何必希望人们赞同我的言论，何必在意人们的指责？这样，人们就会认为我有赤子之心，这就叫与自然同类。外表恭敬，是与世人同类。手拿朝笏躬身下拜，这是做臣子的礼节，别人都这样去做，我敢不这样做吗？做大家所做的事，人们也就不会责难我，这就叫与世人同类。所谓援引成说而上比古代贤人，是与古人同类。我所引用的成说虽然都是教训，但这些诤言都是有凭有据的，是上古时候就有的，并不是我自己创造的。像这样，言语虽然直率却也不会招来怨恨，这就叫与古人同类。这样做可以吗？”

孔子说：“唉，怎么可以呢？纠正人家的方法太多也并不妥当。你所说的这些方法虽然简陋倒也能够免罪。即使这样，也不过如此而已，又怎么能感化他呢！你太执着于自己内心的成见了。”

颜回曰："吾无以进矣，敢问其方[1]。"

仲尼曰："斋[2]，吾将语若！有心而为之[3]，其易邪？易之者，皞天不宜[4]。"

颜回曰："回之家贫，唯不饮酒不茹荤者数月矣[5]。如此，则可以为斋乎？"

曰："是祭祀之斋，非心斋也[6]。"

回曰："敢问心斋。"

仲尼曰："若一志[7]，无听之以耳而听之以心，无听之以心而听之以气[8]！耳止于听，心止于符[9]。气也者，虚而待物者也。唯道集虚[10]。虚者，心斋也。"

注释

①敢：表谦敬之词，相当于今天"斗胆地""冒昧地"之意。方：办法。

②斋：斋戒，指祭祀前的清心洁身，这里专指清心。

③有心：指怀有积极用世之心。

④皞 hào 天：大天，自然。皞，通"昊"，广大。宜：当，合适。

⑤茹：吃。荤：旧注指荤辛，即葱蒜之类的菜。

⑥心斋：内心的斋戒。

⑦一志：凝寂虚忘，摒除杂念，心思高度专一。

⑧气：虚以待物的心境。

⑨符：合。

⑩虚：这里指纯净、空明的境界。

译文

颜回说："我没有更好的办法了，冒昧地向老师求教。"

孔子说："你先斋戒，我再告诉你！你有了成心去做事，哪里会这么容易？如果你认为这样做容易，就不符合自然之道了。"

颜回说："我家境贫寒，不饮酒浆、不吃荤食已经好几个月了，像这样，可以说是斋戒了吧？"

孔子说："这是祭祀的斋戒，并不是'心斋'。"

颜回说："请问什么是'心斋'？"

孔子说："你必须摒除杂念，专一心志，不用耳去听而用心去领悟，不用心去领悟而用气去感应！耳的功能止于聆听，心的功能止于感应现象。气乃是空明而容纳万物的，心若能空明了然，道亦如约而至。空明静寂的心境就叫作'心斋'。"

颜回曰："回之未始得使①，实有回也②；得使之也，未始有回也；可谓虚乎？"

夫子曰："尽矣③。吾语若！若能入游其樊而无感其名④，入则鸣⑤，不入则止。无门无毒⑥，一宅而寓于不得已⑦，则几矣⑧。"

注释

①得使：意思是禀受了心斋的教诲。

②实：确实。

③尽：详尽，指颜回的上述言论对于“心斋”的理解，说得十分深透。

④樊：篱笆，喻指卫君统治的范围。感其名：为名利地位所动。

⑤入：采纳进谏。

⑥无门无毒：不由门路营求。毒，通“窦”，大门锁孔。

⑦一宅：心灵安于凝聚专一，全无杂念。宅，心灵的位置。

⑧几：近，接近于大道，符合“心斋”的要求。

译文

颜回说：“我不曾禀受过‘心斋’的教诲，所以确实存在一个真实的颜回；我禀受了‘心斋’的教诲，顷刻忘记自己。这可以叫作空明静寂的境界吗？”

孔子说：“你理解得十分透彻。我再告诉你：假如能入世俗围墙之内而不为名利所动，卫君能采纳，你便阐明你的观点，不能采纳，你就不要再说，不寻求仕途门径，心灵凝聚全无杂念，行事则寄托于不得已的境域，那么就差不多合于‘心斋’的要求了。”

“绝迹易，无行地难[①]。为人使易以伪[②]，为天使难以伪。闻以有翼飞者矣，未闻以无翼飞者也；

闻以有知知者矣[3]，未闻以无知知者也。瞻彼阕者[4]，虚室生白[5]，吉祥止止[6]。夫且不止，是之谓坐驰[7]。夫徇耳目内通而外于心知[8]，鬼神将来舍，而况人乎！是万物之化也，禹舜之所纽也[9]，伏羲几蘧之所行终[10]，而况散焉者乎[11]！”

注释

①无行地：行走却不践地，喻指做了什么事都不留下痕迹。

②使：驱使。伪：假。

③有知 zhì 知 zhī 者：知，前者有智慧、才能之意，后者意即认识、了解。

④瞻 zhān：望。阕 què：空虚。

⑤虚室：空灵的精神世界。白：洁净，指什么也不存在的虚无的心理状态。

⑥止止：止于宁静的心境。

⑦坐驰：身体坐在那里而心理却驰骋于他处。

⑧徇：使。内通：向内通达。外：排除。心知：心智。

⑨纽：枢纽，关键。

⑩伏羲、几蘧 qú：传说时代的远古帝王。终：到底，遵循始终。

⑪散焉者：疏散的人，即普通、平常的人。

译文

“一个人不走路容易，走了路而不留行迹就很难了。受欲望驱使，便容易伪装自己；顺自然之道，能保持真性，很难伪善。听说过凭借翅膀才能飞翔，不曾听说过没有翅膀也能飞翔；听说过有智慧才能了解事物，不曾听说过没有智慧也可以了解事物。观照自己的内心，空明之心顿生光明，一切福善都止于静寂的境界。如果心还不能归于宁静，这就叫'坐驰'。倘若让耳目感观向内通达而又排除心智于外，鬼神也会前来归附，何况是人呢！这就是万物的变化，是禹和舜处世的关键，也是伏羲、几蘧所遵循一生的准则，何况普通的人呢！"

二

叶公子高将使于齐①，问于仲尼曰："王使诸梁也甚重②，齐之待使者，盖将甚敬而不急。匹夫犹未可动，而况诸侯乎！吾甚慄之③。子常语诸梁也曰：'凡事若小若大④，寡不道以欢成⑤。事若不成，则必有人道之患⑥；事若成，则必有阴阳之患⑦。若成若不成而后无患者，唯有德者能之。'吾食也执粗而不臧⑧，爨无欲清之人⑨。今吾朝受命而夕饮冰，我其内热与⑩！吾未至乎事之情⑪，而既有阴阳之患矣；事若不成，必有人道之患。是两也，为人臣者不足以任之⑫，子其有以语我来！"

注释

①叶公子高：楚庄王玄孙，姓沈，名诸梁，字子高。为楚大夫，封于叶，自僭为“公”，故有“叶公子高”之称。

②使诸梁：以诸梁为使。

③慄：恐惧。

④若：或者。

⑤寡：少。道：由，通过。欢成：圆满的结果。

⑥人道之患：人为的祸害，指国君的惩罚。

⑦阴：事未办成时的忧惧。阳：事已办成时的喜悦。

⑧执粗：食用粗茶淡饭。臧：好。

⑨爨 cuàn：炊，烹饪食物。

⑩内热：内心烦躁和焦虑。

⑪情：真实。

⑫任：承担。

译文

叶公子高将要出使齐国，向孔子请教：“楚王派我出使齐国，责任重大。齐国接待外来使节，总是表面恭敬而实际怠慢。平常老百姓尚且不可轻举妄动，何况是诸侯呢！我非常害怕。您常对我说：‘凡事无论大小，很少有不合乎道而获得圆满结果的。事情如果办不成功，那么必定会受到惩罚；事情如果办成功了，那一定会忧喜交集而致使身体失调患病。无论成功或者不成功都不会留下祸患，只有道德高尚的人才能做到。’我平时吃粗粮不求精美，家中没有清凉口味的人，烹饪时不必求清凉。现在我早上接受国君诏命到了晚上就得饮用冰水，恐怕是因为我内心焦躁担忧吧！我还不曾了解事件的实情，就已经受阴阳之气激荡而致患病；事情假如真办不成，那一定还会受到国君惩罚。成与不成这两种结果，做臣子的我都不足以承担，先生您可以教导我吧！”

仲尼曰："天下有大戒二[①]：其一，命也；其一，义也。子之爱亲，命也，不可解于心；臣之事君，义也，无适而非君也[②]，无所逃于天地之间。是之谓大戒，是以夫事其亲者，不择地而安之，孝之至也；夫事其君者，不择事而安之，忠之盛也[③]；自事其心者[④]，哀乐不易施乎前[⑤]，知其不可奈何而安之若命，德之至也。为人臣子者，固有所不得已。行事之情而忘其身，何暇至于悦生而恶生！夫子其行可矣！"

注释

①戒：法。

②适：往，到。

③盛：极点、顶点。

④自事其心：侍奉自己的心思，意思是注意培养自己的道德修养。

⑤施yí：移动，影响。

译文

孔子说："天下有两个足以为戒的大法：一是天命，一是道义。做儿女的敬爱双亲，这是自然的天性，无法解释的；臣子侍奉国君，这是人为的道义，无论任何地方都不会没有国君，这是无法逃避的现实。这就叫作足以为戒的大法。所以侍奉双亲的人，无论什么样的境遇都要使父母安适，这是孝心的最高表现；侍奉国君的人，无论办什么事都要让他安心，这是尽忠的极点。注重自我修养的人，不受哀乐情绪的影响，知道世事艰难，无可奈何却又能安心去做，这就是德性的极点了。做臣子的原本就有不得已的事情，遇事要能如实去做而忘记自己，哪里还会有贪生怕死的念头呢！你这样去做就可以了！"

"丘请复以所闻：凡交近则必相靡以信[①]，交远则必忠之以言[②]，言必或传之。夫传两喜两怒之言[③]，天下之难者也。夫两喜必多溢美之言[④]，两怒必多溢恶之言。凡溢之类妄[⑤]，妄则其信之也莫[⑥]，莫则传言者殃。故法言曰[⑦]：'传其常情，无传其溢言，则几乎全[⑧]。'且以巧斗力者[⑨]，始乎阳[⑩]，常卒乎阴[⑪]，泰至则多奇巧[⑫]；以礼饮酒者，始乎治[⑬]，常卒乎乱，泰至则多奇乐[⑭]。凡事亦然。始乎谅[⑮]，常卒乎鄙[16]；其作始也简，其将毕也必巨。”

注释

①靡：维系。

②忠之以言：用忠实的语言相交。一说“忠”字为“忠”字之误，“忠”为“固”字之古体。

③两喜两怒之言：两国国君或喜或怒的言辞。

④溢：满，超出。

⑤妄：虚假。

⑥莫：薄。

⑦法言：格言。

⑧全：保全。

⑨斗力：相互较力，犹言相互争斗。

⑩阳：指公开地争斗。

⑪卒：终。阴：指暗地里使计谋。

⑫泰至：大至，达到极点。奇巧：指玩弄阴谋。

⑬治：指合乎常理和规矩。

⑭奇乐：放纵无度。

⑮谅：见谅，取信。

⑯鄙：恶，欺诈。

译文

“不过我还是把我所听到的道理再告诉你：大凡外交，与邻近国家交往一定要以信用求得安顺，与远方国家交往则必定要用语言来维系相互间的忠诚。

用语言来建立邦交就要靠使臣去传达。传达两国国君喜怒的言辞，乃是天下最困难的事。两国国君喜悦的言辞必定过度添加了许多好话，两国国君愤怒的言辞必定过度添加了许多坏话。大凡过度添加的话语都是失真的，失真就产生了怀疑，一旦怀疑，使者就要遭殃。所以古语说：‘传达真实的言辞，不要传达过分的话语，便可以保全自己了’。况且以智巧相互较量的人，开始时明来明去，后来就暗使计谋，太过分时则大耍阴谋、诡计百出。按照礼节饮酒的人，开始时规规矩矩，到后来常常就一片混乱大失礼仪，太过分时就荒诞淫乐、放纵无度。无论什么事情恐怕都是这样：开始时相互信任，到最后互相欺诈；开始时简单纯粹，后来就变得繁琐艰难了。”

“言者，风波也；行者，实丧也①。夫风波易以动，实丧易以危。故忿设无由②，巧言偏辞③。兽死不择音，气息茀然④，于是并生厉心⑤。克核太至⑥，则必有不肖之心应之⑦，而不知其然也。苟为不知其然也，孰知其所终！故法言曰：‘无迁令⑧，无劝成⑨，过度益也⑩。’迁令劝成殆事⑪，美成在久⑫，恶成不及改，可不慎与！且夫乘物以游心⑬，托不得已以养中⑭，至矣。何作为报也⑮！莫若为致命⑯，此其难者。”

注释

①实丧：得失。

②设：置，含有发作、产生的意思。

③巧：虚浮不实。偏：片面的。

④茀bó然：气息急促的样子。

⑤厉：狠虐。

⑥克核：苛责，逼迫。

⑦不肖：不善，不正。

⑧迁：改变。

⑨劝：勉力。成：办成什么事。

⑩益：同“溢”，过度。

⑪殆：危险。

⑫美成：美好的事情要做成功。下句“恶成”对文，意思是坏事做成了。

⑬乘物：顺应客观事物。

⑭中：中气，这里指神智。

⑮作：刻意。

⑯为致命：原原本本地传达国君的使命。

译文

“语言犹如风吹水波，传达语言，定会有得有失。风吹波浪容易动荡，有了得失容易出现危难。所以愤怒发作没有别的什么缘由，就是因为言辞虚浮而又片面失当。猛兽临死时尖声乱叫，气息急促喘息不定，于是产生伤人的恶念。凡事逼迫太紧，别人就会兴起恶念来对付他，而他自己还不知道是什么原因。假如他自己都不知道是怎么回事，谁能知道他会有怎样的结果！所以古语说：‘不要改变使命，不要强求成功。过度就是溢出。’改变使命或者强求成功都是危险的，成就一桩好事要很久的时间，坏事一旦做出来悔改是来不及的。行为处世能不审慎吗！顺应自然而使心志自在遨游，一切都寄托于不得已，以养蓄神智，这就是最好的办法。何必刻意去完成国君的使命呢！不如原原本本地传达国君所给的使命，这样做有什么困难呢！”

三

颜阖将傅卫灵公太子[①]，而问于蘧伯玉曰[②]：“有人于此，其德天杀[③]。与之为无方[④]，则危吾国；与之为有方，则危吾身。其知适足以知人之过[⑤]，而不知其所以过。若然者[⑥]，吾奈之何？”

蘧伯玉曰：“善哉问乎！戒之，慎之，正汝身也哉！形莫若就[⑦]，心莫若和[⑧]。虽然，之二者有患[⑨]。就不欲入[⑩]，和不欲出[⑪]。形就而入，且为颠为灭[⑫]，为崩为蹶[⑬]。心和而出，且为声为名[⑭]，为妖为孽[⑮]。彼且为婴儿，亦与之为婴儿；彼且为无町畦[⑯]，亦与之为无町畦；彼且为无崖[⑰]，亦与之为无崖。达之[⑱]，入于无疵[⑲]。”

注释

①颜阖：鲁国的贤人。傅卫灵公太子：给卫灵公太子做师傅。

②蘧 qú 伯玉：卫国的贤大夫，姓蘧，名瑗，字伯玉。

③天杀：天性刻薄。

④与之：朝夕与共。方：法度、规范。

⑤其知 zhì：他的智慧。

⑥若然者：像这样的人。

⑦形：外表，与下句“心”相对文。就：靠拢，亲近。

⑧和：顺，含有顺其本性的意思，近似于疏导的含意。

⑨之：这。

⑩入：关系太深，过度。

⑪出：超出，过于显露，与上句“入”字对文。

⑫颠：颠覆，坠落。

⑬崩：毁坏。蹶：失败，挫折。

⑭为：为了。本句两个“为”字跟上下三句的另六个“为”字含意不同，其他六个“为”字均是造成、招致的意思。

⑮孽：灾害。

⑯町畦 tīngqí：田界，喻指规矩、约束。

⑰崖：山边或岸边，“无崖”喻指无边，没有约束。

⑱达：通达，指通过疏导与卫太子思想相通，逐步使他走上正途。

⑲疵：病，这里指行动上的过失。

译文

颜阖被请去做卫灵公太子的师傅，他去向卫国贤大夫蘧伯玉求教："现在有一个人，天性刻薄凶残。如果一起相处时放纵他，势必危害自己的国家；如果用法度去规谏他，又会危害自身。他的聪明足以知道别人的过失，却不了解别人为什么会出错。像这样的情况，我将怎么办呢？"

蘧伯玉说："问得好啊！要警惕，要谨慎，首先要自己站得稳！对这种人，不如表面上顺从依就以示亲近，内心则顺其秉性暗暗疏导。即使这样，这两种态度仍有隐患。亲附他不要关系过密，疏导他不要过于显露。外表亲附到关系过密，会招致颠败毁灭。内心疏导过于显露，会被认为是为了名声，也会招致祸害。他如果像个天真的孩子那样烂漫，你也姑且跟他一样像个天真烂漫的孩子；他如果同你不分界线，那你也就跟他不分界线。他如果跟你无拘无束，那么你也姑且跟他一样无拘无束。慢慢地引导他，走上没有过失的正道。"

"汝不知夫螳螂乎？怒其臂以当车辙[①]，不知其不胜任也，是其才之美者也[②]。戒之，慎之！积伐而美者以犯之[③]，几矣[④]。

"汝不知夫养虎者乎？不敢以生物与之[⑤]，为其杀之之怒也[⑥]；不敢以全物与之，为其决之之怒也[7]；时其饥饱，达其怒心[8]。虎之与人异类而媚养己者[9]，顺也；故其杀之者，逆也[10]。

“夫爱马者，以筐盛矢[11]，以蜃盛溺[12]。适有蚊虻仆缘[13]，而拊之不时[14]，则缺衔毁首碎胸[15]。意有所至而爱有所亡[16]，可不慎邪！”

注释

①怒：奋起。当：阻挡；这个意义后代写作“擋”，简化为“挡”。辙：车轮行过的印记。

②是其才之美：即“以其才之美为是”，自恃才能太高。

③积：长期不断地。伐：夸耀。而：你。

④几：危险。

⑤生物：活物。

⑥为其杀之之怒也：唯恐它扑杀活物时而诱发残杀生物的怒气。

⑦决：裂，撕开。

⑧达：通晓、了解。

⑨异类：不同类。媚：喜爱。

⑩逆：反，触犯。

⑪矢：通“屎”，粪便。

⑫蜃 shèn：大蛤，这里指蛤壳。溺：尿。

⑬蚊虻：牛虻。仆缘：附着，指叮在马身上。

⑭拊 fǔ：拍击。

⑮缺衔：咬断勒口。衔，马勒口。毁首：挣断辔头。

首，辔头。碎胸：弄坏络饰。胸，胸饰。

⑯亡：失。

译文

“你不知道那螳螂吗？奋力举起它的臂膀去阻挡滚动的车轮，不明白自己的力量全然不能胜任，这是自恃才能太高了。要警惕呀，要谨慎呀！经常夸耀自己的才智而触犯了他，就危险了！

“你不了解那养虎的人吗？他从不敢用活物去喂老虎，因为他担心扑杀活物会激起老虎凶残的天性；他也从不敢用完整的动物去喂老虎，因为他担心撕裂动物也会诱发老虎凶残的本性。知道老虎饥饱的时刻，了解老虎凶残暴戾的秉性。老虎与人不同类却驯服于养它的人，原因就是养虎人能顺着老虎的性子，而那些遭到虐杀的人，是因为触犯了老虎的性子。

“爱马的人，用精细的竹筐装马粪，用珍贵的蛤壳接马尿。刚巧一只牛虻叮在马身上，爱马之人随手拍打牛虻，没想到马儿受惊便咬断勒口、挣断辔头、弄坏胸络。意在爱马却失其所爱，能够不谨慎吗！”

四

匠石之齐[①]，至于曲辕，见栎社树[②]。其大蔽数千牛，絜之百围[③]，其高临山[④]，十仞而后有枝[⑤]，其可以为舟者旁十数[6]。观者如市，匠伯不顾[7]，遂行不辍[8]。弟子厌观之[9]，走及匠石[10]，曰："自吾执斧斤以随夫子[11]，未尝见材如此其美也。先生不肯视，行不辍，何邪？"

曰："已矣[12]，勿言之矣！散木也[13]，以为舟则沈[14]，以为棺椁则速腐[15]，以为器则速毁，以为门户则液樠[16]，以为柱则蠹[17]。是不材之木也，无所可用，故能若是之寿[18]。"

注释

①匠石：名叫"石"的木匠。

②栎社树：把栎树当作社神。栎lì，树名，栎树。社，土神。

③絜xié：用绳子度量围长。围：周长一尺。

④临山：接近山巅。

⑤仞：八尺。

⑥旁：旁枝。

⑦匠伯：即匠石。

⑧辍chuò：中止，停。

⑨厌：满足。

⑩走：跑。及：赶上。

⑪斤：斧头的一种，后称"锛"，即横口斧。

⑫已矣：算了。

⑬散木：不成材的树木。

⑭以为：即"以之为"，把它做成。沈chén：同"沉"。

⑮椁guǒ：指棺外的套棺。

⑯户：单扇的门。液樠：像松木心那样浸出树脂。一说为一树名，其心似松。液，浸渍。樠mán，松木心。

⑰蠹dù：蛀蚀。

⑱若是之寿：像这样的长寿。

译文

有个叫石的木匠去齐国，来到曲辕这个地方，看见一棵被当作社神的栎树。这棵栎树树冠大到可以遮蔽数千头牛，用绳子绕着量一量树干，足有百尺宽，树梢高临山巅，离地面八十尺处方才生枝，用旁枝来造船可造十余艘。观赏的人群像赶集似的涌来涌去，而这位匠人连瞧也不瞧一眼，一直往前走。他的徒弟站在树旁看了个够，跑着赶上了匠人石，说："自我拿起刀斧跟随先生，从不曾见过这样壮美的树木。可是先生却不肯看一眼，不住脚地往前走，为什么呢？"

匠人石回答说："算了，不要再说它了！这是一棵没有用的散木，用它做成船定会沉没，用它做成棺椁定会很快朽烂，用它做成器皿定会很快折毁，用它做成屋门定会流脂而不合缝，用它做成屋柱定会被虫蛀蚀。这是不能取材的树。没有什么用处，所以它才能如此延寿。"

匠石归，栎社见梦曰[①]："女将恶乎比予哉[②]？若将比予于文木邪[③]？夫柤梨橘柚[④]，果蓏之属[⑤]，实熟则剥[⑥]，剥则辱[⑦]；大枝折，小枝泄[⑧]。此以其能苦其生者也[⑨]，故不终其天年而中道夭，自掊击于世俗者也[⑩]。物莫不若是。且予求无所可用久矣，几死，乃今得之，为予大用[⑪]。使予也而有用，且得有此大也邪？且也若与予也皆物也，奈何哉其相物也[⑫]？而几死之散人[⑬]，又恶知散木！"

注释

①见梦：梦中会见。

②比：比并，相提并论。

③文木：可用之木。文，纹理，这个意义后来写作"纹"。

④柤 zhā：山楂。

⑤蓏 luǒ：瓜类植物的果实。属：类。

⑥实：果实。剥：通"扑"，用器物轻轻打落在地。

⑦辱：扭折。

⑧泄 yè：通"抴"，"抴"亦写作"拽"，牵引，用力拉。

⑨以：因。苦其生：使其一生受苦。

⑩掊 pǒu：打。

⑪为予大用：指"积无用而为大用"的哲理。

⑫相：看待。

⑬散人：不材之人，相对“散木”而言。

译文

匠人石回到家里，梦见栎社树对他说：“你拿什么东西跟我相提并论呢？你打算拿可用之木来跟我相比吗？那楂、梨、橘、柚都属于果树，果实成熟就会被打落在地，打落果子以后枝干也就被扭折，大的枝干被折断，小的枝丫被拽下来。这就是因为它们能结出鲜美果实才苦了自己的一生，所以常常不能终享天年而半途夭折，自己显露有用则招来世俗的打击。万物莫不如此。而且我寻求无所可用，已经很久了，几乎被砍死，这才保全性命，无用也就成就了我最大的用处。假如我有用，还能长得这么大吗？况且你和我都是‘物’，为什么要这样看待我呢？你不过是几近死亡的没有用处的人，又怎么会真正懂得没有用处的树木呢！”

匠石觉而诊其梦[①]。弟子曰：“趣取无用[②]，则为社何邪[③]？”

曰：“密[④]！若无言！彼亦直寄焉[⑤]，以为不知己者诟厉也[⑥]。不为社者，且几有翦乎[⑦]！且也彼其所保与众异，而以义喻之[⑧]，不亦远乎！”

注释

①诊：通“畛”，告诉。

②趣取：意在求取。

③为社何：为什么做社树而让世人供奉。

④密：默，犹言“闭嘴”。

⑤直：仅，只。

⑥诟厉：訾议，辱骂。

⑦翦 jiǎn：斩伐。

⑧义：常理。喻：衡量了解。

译文

匠人石醒来后把梦中的情况告诉给他的弟子。弟子说：“它意在求取无用，那么又做什么社树让世人瞻仰呢？”

匠人石说：“停住吧，别说了！它只不过是在寄托罢了，使那些不了解自己的人訾议它。如果它不做社树的话，它不就遭到砍伐了吗？况且它用来自保的办法与众不同，而用常理来揆度它，不就相去太远了吗！”

五

南伯子綦游乎商之丘[1]，见大木焉，有异，结驷千乘[2]，将隐芘其所藾[3]。子綦曰：“此何木也哉？此必有异材夫！”仰而视其细枝，则拳曲而不可以为栋梁[4]；俯而视其大根，则轴解而不可以为棺椁[5]；咶其叶[6]，则口烂而为伤；嗅之，则使人狂酲[7]，三日而不已[8]。子綦曰："此果不材之木也，以至于此其大也。嗟乎神人[9]，以此不材[10]！"

注释

①南伯子綦：人名，庄子寓言中人物。商之丘：地名，今河南商丘。

②驷 sì：一辆车套上四匹马。

③芘 bì：通"庇"，荫庇。藾 lài：荫蔽。

④拳曲：弯弯曲曲的样子。

⑤轴解：从木心向外裂开。轴，木心。解，裂开。

⑥咶 shì：通"舐"，用舌舔。

⑦酲 chéng：酒醉。

⑧已：止。

⑨嗟乎：感叹声。

⑩以：如，这个意义后来写作"似"。

译文

南伯子綦在商丘一带游玩，看到一棵大树，与众不同，可供千乘车马在树荫下歇息。子綦说："这是什么树呢？这树一定有特异的材质啊！"仰头观看大树的细枝，只见弯弯扭扭的树枝并不可以用来做栋梁；低头观看大树的主干，树心直到表皮旋着裂口并不可以用来做棺椁；用舌舔一舔树叶，口舌溃烂受伤；用鼻闻一闻气味，使人狂醉，三天三夜还醒不过来。子綦说："这果真是什么用处也没有的树木，以至于到这么高大。唉，神人也就好比这不材之木呢！"

"宋有荆氏者①，宜楸柏桑。其拱把而上者②，求狙猴之杙者斩之③；三围四围④，求高名之丽者斩之⑤；七围八围，贵人富商之家求樿傍者斩之⑥。故未终其天年，而中道之夭于斧斤，此材之患也。故解之以牛之白颡者与豚之亢鼻者⑦，与人有痔病者不可以适河⑧。此皆巫祝以知之矣⑨，所以为不祥也⑩。此乃神人之所以为大祥也。"

注释

①荆氏：地名。

②拱：两手相合。把：一手所握。

③杙 yì：栓。斩：指砍伐。

④围：两臂合抱的长度。一说两手拇指和食指合拢起来的长度。

⑤高名：地位高贵名声显赫的人家。丽：屋栋，即屋之中梁。

⑥樿 shàn 傍：独板的棺木。

⑦解之：祈祷神灵以消灾。颡 sǎng：额。亢鼻：

鼻孔上仰。亢，高。古人以高鼻折额、毛色不纯的牲畜和有痔漏的人为不洁净，因而不用于祭祀。

⑧适河：沉入河中以祭神。

⑨巫祝：巫师。

⑩以为：认为。

译文

宋国有个叫荆氏的地方，很适合楸树、柏树、桑树生长。树干长到一两把粗，想做拴猴子木桩的人便把树木砍了去；树干长到三、四围粗，富贵人家有建屋的便把树木砍去做大梁；树干长到七、八围粗，寻找棺木的达官贵人和富家商贾又把树木砍了去。所以它们始终不能终享天年，中途就被刀斧砍去。这就是有用之材带来的祸患。因此古人祈祷神灵消除灾害，凡是白额的牛、鼻孔朝上的猪以及患有痔漏疾病的人都不会被选择沉入河中祭河神。这些情况巫师全都了解，他们认为这些都是很不吉祥的。不过这正是神人认为最吉祥的。

六

支离疏者[①]，颐隐于脐[②]，肩高于顶，会撮指天[③]，五管在上[④]，两髀为胁[⑤]。挫鍼治繲[⑥]，足以糊口；鼓荚播精[⑦]，足以食十人。上征武士[⑧]，则支离攘臂而游于其间[9]；上有大役，则支离以有常疾不受功[10]；上与病者粟，则受三钟与十束薪[11]。夫支离其形者，犹足以养其身，终其天年，又况支离其德者乎[12]！

注释

①支离疏：假托的人名。“支离”隐含形体不全的意思，“疏”隐含泯灭其智的意思。

②颐：下巴。脐：肚脐。

③会撮：发髻。因为脊背弯曲，所以发髻朝天。

④五管：五脏血管。

⑤髀 bì：股骨，这里指大腿。胁 xié：胸旁的肋骨。

⑥鍼 zhēn：“针”字的异体。“挫鍼”即缝衣。繲 xiè：洗衣。

⑦鼓：簸动。筴：小簸箕。播精：扬去灰土与糠屑。

⑧上：指国君、统治者。

⑨攘 rǎng：捋。“攘臂”指捋起衣袖伸长手臂。

⑩常疾：残疾。功：通“工”，指劳役之事。

⑪钟：古代粮食计量单位，合六斛四斗。

⑫支离其德：至人之德也像支离那样残缺不全，以无用为大用，以有德借无德彰显于人。

译文

有个名叫支离疏的人，脸颊隐藏在肚脐下，双肩高于头顶，后脑下的发髻指向天空，五脏血管也都向上，两条大腿和两边的胸肋并在一起。替人家缝衣洗衣，足够养活自己；替人家簸米筛糠，足够养活十口人。官府征兵时，支离摇摆而游于其中；官府征夫时，支离因残疾而免去劳役；官府救济贫病时，他可以领到三钟米和十捆柴。形体残缺不全的人，还能够养身，尽享天年，又何况那忘其德行的人呢？

七

孔子适楚[①]，楚狂接舆游其门曰[②]：“凤兮凤兮[③]，何如德之衰也！来世不可待，往世不可追也。天下有道，圣人成焉[④]；天下无道，圣人生焉[⑤]。方今之时，仅免刑焉。福轻乎羽，莫之知载[⑥]；祸重乎地，莫之知避。已乎已乎[⑦]，临人以德！殆乎殆乎[⑧]，画地而趋！迷阳迷阳[⑨]，无伤吾行！郤曲郤曲[⑩]，无伤吾足！”

山木自寇也[⑪]，膏火自煎也[⑫]。桂可食[⑬]，故伐之；漆可用，故割之。人皆知有用之用，而莫知无用之用也。

注释

①适：往。

②楚狂接舆：楚国隐士，姓陆，名通，字接舆。因与世不合，故称其“楚狂”。游其门：来到孔子馆舍。

③凤：这里用凤凰来比喻和讥刺孔子。

④成：成就。

⑤生：求生，保全生命。

⑥载：承受。

⑦已乎：算了吧。

⑧殆乎：危险啊！

⑨迷阳：荆棘，常生路旁。

⑩郤曲：道路弯曲。

⑪自寇：自取伐伤。

⑫膏火自煎：油脂可燃烧照明，因此是自取熬煎。

⑬桂可食：桂树的皮与肉芳香，可供调味食用。

译文

孔子到楚国，楚国狂人接舆走过孔子门前唱道：“凤凰，凤凰，你的德行为什么会衰败？来世不可期待，往事不可寻回。天下有道，圣人可以成就事业；天下无道，圣人只能保全生命。今天这个时代，只求避免受到刑害。幸福比羽毛还要轻，却不知道接受；灾祸比大地还要重，却不知道回避。罢了！罢了！在人前用德来炫耀自己。危险啊！危险啊！

固守一条道走下去。荆棘啊！荆棘啊！不要刺伤了自己的行径。转个弯儿走，转个弯儿走，不要妨害自己的脚。”

山木自招砍伐，膏火自招煎熬。桂树因为可以吃，所以就遭砍伐；漆树因为可以用，所以就遭到刀割。世人都知道有用的用处，而不知道无用的用处。

德充符

题解

人是一种复杂的动物，人心深微而不可测，常困于情而无法自拔。有些人情钟情，有些人情不情，而圣人则忘情。如何忘情？放下心中的执念，常持一颗自然之心。

“德充符”篇主要讨论人的精神世界，破除外形残全的观念，重视人的内在美。本篇里所说的“德”，并非通常理解的道德或者德行，而是指一种心态，能体现宇宙人生的根源性与整体性。庄子认为宇宙自然根源于“道”，而万物虽千差万别，归根到底又都浑然为一，由此体现在人的观念形态上便应是“忘形”与“忘情”。所谓“忘形”，就是物我俱化，死生同一；所谓“忘情”，就是破除宠辱、贵贱、好恶、是非区别之心。这种“忘形”与“忘情”的精神状态就是庄子笔下的“德”。“充”指充实，“符”则是证验的意思。

本文共分五个部分。第一部分写常季与孔子讨论断脚人王骀的故事，说明王骀能“守宗”“保始”“物视其所一”，故能在鲁国行不言之教，而达潜移默化之功。第二部分写郑子产与断脚人申徒嘉同堂拜师的故事。二者虽同游于“形骸之内”，而郑子产却以貌取人，索人于“形骸之外”。申徒嘉虽身残却心智健全，将人生比喻成后羿的弓弩射程，未能射中靶心或者身形残缺亦是“知不可奈何，而安之若命”。第三部分写断脚人叔山无趾拜见孔子的故事。孔子因其过错而歧视叔山无趾，叔山无趾虽失足却“犹有尊足者存”，认为孔子困于名声而不知生死为一、是非齐一的大道。第四部分写两个残疾人受到君王赏识，说明人需要“内保而不外荡”。第五部分写庄子与惠子的对话，庄子倡导人之“无情”，即“不以好恶内伤其身”，“常因自然”，摒弃俗情，体悟天地之大美大情。

一

鲁有兀者王骀[①]，从之游者，与仲尼相若。常季问于仲尼曰[②]：“王骀，兀者也。从之游者，与夫子中分鲁[③]。立不教，坐不议，虚而往，实而归。固有不言之教，无形而心成者邪[④]？是何人也？”

仲尼曰：“夫子，圣人也，丘也直后而未往耳[⑤]。丘将以为师，而况不若丘者乎！奚假鲁国[⑥]！丘将引天下而与从之。”

注释

①兀wù者：因受刑被砍去一只脚的人。兀，断足

的刑法。王骀tái：庄子寓言中的虚构人物。
②常季：鲁国贤人，传说为孔子弟子。
③中分鲁：在鲁国平分，意思是在鲁国彼此间差不多，不分上下。
④无形：不见言行。心成：潜移默化。
⑤直：特，仅的意思。后：落后。
⑥奚：何。假：已，只。

译文

鲁国有个断了脚的人，名叫王骀，可是跟从他学习的人却跟孔子的门徒一样多。孔子的学生常季问孔子："王骀是断了脚的人，跟从他学习的人在鲁国却和先生的弟子相当。他站着不给人教诲，坐着不议论政事；弟子们却空虚而来，满载而归。果真有不用言表的教导，无形之中潜移默化传授的吗？这是什么样的人呢？"

孔子回答说："他是一位圣人，我只是落在后面还没有前去请教他罢了。我将拜他为师，何况不如我的人呢！何止鲁国，我将引领天下的人跟从他学习。"

常季曰："彼兀者也，而王先生[1]，其与庸亦远矣[2]。若然者，其用心也独若之何[3]？"

仲尼曰："死生亦大矣，而不得与之变，虽天地覆坠，亦将不与之遗④。审乎无假而不与物迁⑤，命物之化而守其宗也。”

注释

①王 wàng：突出、超过的意思。

②庸：平庸，这里指平常的人。

③若之何：如何，怎么样。

④遗：失。

⑤审：居，处。无假：无所假借，无所待。假，凭依。

译文

常季说：“他是一个断了脚的人，而能胜过先生，他跟平常人相比其间的距离就太大了。像这样的人，他运用心智是怎样的呢？”

仲尼回答说：“死生是人生中的大事，却影响不到他；即使天翻过来地坠下去，他也不会与天地一起毁灭。他处于无待之境而不随物变迁，顺应事物的变化而执守事物的规则。”

常季曰：“何谓也？”

仲尼曰：“自其异者视之，肝胆楚越也①；自其同者视之，万物皆一也②。夫若然者，且不知耳目之所宜③，而游心乎德之和④；物视其所一而不见其所丧⑤，视丧其足犹遗土也⑥。”

注释

①肝胆楚越：肝胆两种器官紧紧相连，楚越两国相去甚远。喻指邻近的肝胆虽同于一体之中却也像是楚越那样相去甚远。

②一：同一，一样的。

③耳目之所宜：指适宜于听觉、视觉的东西。

④游心：使心灵自由遨游。德之和：即《知北游》篇所谓“天和”，天地混融之境。

⑤所一：同一的方面。所丧：失去而引起差异的一面。

⑥遗土：失落土块。

译文

常季说：“这是什么意思呢？”

孔子说：“从事物相异的一面去看，肝胆虽紧密相接，却像楚国和越国那样相距甚远；从事物相同的一面去看，万物都是一样的。了解了这一点，就不会去关心耳目最适宜何种声音和色彩，只求心灵自由逍遥在天地之中。从万物相同的一面就看不到相异的一面，因而看到自己丧失了一只脚就像是失落了一块泥土一样。”

常季曰：“彼为己[1]。以其知得其心[2]，以其心得其常心[3]，物何为最之哉[4]？”

仲尼曰："人莫鉴于流水⑤，而鉴于止水，唯止能止众止⑥。受命于地，唯松柏独也正⑦；在冬夏青青；受命于天，唯尧舜独也正，在万物之首。幸能正生⑧，以正众生。夫保始之征⑨，不惧之实。勇士一人，雄入于九军⑩。将求名而能自要者⑪，而犹若是，而况官天地⑫，府万物⑬，直寓六骸⑭，象耳目⑮，一知之所知⑯，而心未尝死者乎！彼且择日而登假⑰，人则从是也。彼且何肯以物为事乎⑱！"

注释

①彼：指王骀。为己：即修己，修身。

②其知：智慧。其心：具有分别作用的心。

③常心：真常之心，即忘知忘觉，不起分别作用的心。

④物：外物，这里指众多的门徒。何为：为何，为什么。最：聚集。

⑤鉴：照看，审察。

⑥唯止能止众止：唯有静止之物才能照人，才能使一切想要静止的人也静止下来。

⑦正：纯正之气。

⑧正生：即正性，指端正自己的品行。下句"正众生"即端正他人的品行。

⑨保：保全。始：本初之态。征：迹象，征验。

⑩雄入：冲入。九军：犹言千军万马。

⑪要：指求取功名。

⑫官：主宰。

⑬府：包藏。

⑭寓六骸：把躯体当作旅舍。

⑮象：表象，迹象。

⑯一知：上天赋予的智慧。

⑰且：将。登假：登升，指乘云气而达超尘绝俗之境。

⑱肯：同意。

译文

常季说："王骀是自己修身，他用智慧去理解区别之心，再根据这个心回归到最初不起分别对待之心的状态。为什么大家还聚集在他的身边呢？"

孔子回答说："一个人不能在流动的水面照见自己的身影，而是要面向静止的水面，只有静止的东西才能使别的东西静止下来。树木受命于大地，只有松柏秉自然之气，无论冬夏，枝叶常青；人受命于天，只有尧舜得生命之正，居于万物之首。幸而他们都善于端正自己的品行，因而能引导众生。能保全本初时的迹象，则内心强大，无所畏惧。勇士只身一人，冲入千军万马之中。将士求名尚且能够舍生忘死，何况那主宰天地，包藏万物，把躯体作寓所，以耳目为幻象，以天赋智慧照亮所知境域，而心灵之光永不熄灭的人呢！他一定会在某天腾云驾雾悟道成仙，大家都乐意跟随他，他哪里会把聚徒当成一回事呢！"

二

申徒嘉，兀者也，而与郑子产同师于伯昏无人[①]。子产谓申徒嘉曰："我先出则子止[②]，子先出则我止。"其明日，又与合堂同席而坐。子产谓申徒嘉曰："我先出则子止，子先出则我止。今我将出，子可以止乎，其未邪[③]？且子见执政而不违[④]，子齐执政乎[⑤]？"

申徒嘉曰："先生之门，固有执政焉如此哉[⑥]？子而悦子之执政而后人者也[⑦]？闻之曰：'鉴明则尘垢不止，止则不明也。久与贤人处则无过。'今子之所取大者[⑧]，先生也，而犹出言若是，不亦过乎！"

注释

①申徒嘉：姓申徒，名嘉，郑国贤人。郑子产：郑国国相。伯昏无人：庄子寓言中的虚构人物。

②止：停止，留下。

③其：还是、抑或。

④违：回避。

⑤齐：等同。

⑥固：岂。

⑦后人：以别人为后，含有瞧不起别人的意思。

⑧大者：这里指广博精深的见识。

译文

申徒嘉是一个断了脚的人，跟郑子产同拜伯昏无人为师。子产对申徒嘉说："我先出去，那么你就留下，你先出去，那么我就留下。"到了第二天，子产和申徒嘉同在一个屋子里、同在一条席子上坐着。子产又对申徒嘉说："我先出去，那么你就留下，你先出去那么我就留下。现在我将出去，你可以稍留一下吗，抑或是不可以呢？你见了我这执政大臣却不回避，你把自己看得跟我一样吗？"

申徒嘉说："先生的门下，岂能有这样的执政大臣？你津津乐道执政大臣的地位，而把别人都不放在眼里吗？我听说：'镜子明亮不落灰尘，落上灰尘就不会明亮。常跟贤人相处就会没有过错'。你拜师求学修德，还说出这话，不是完全错了吗！"

子产曰："子既若是矣，犹与尧争善，计子之德，不足以自反邪[①]？"

申徒嘉曰："自状其过，以不当亡者众[②]，不状其过，以不当存者寡，知不可奈何，而安之若命，唯有德者能之。游于羿之彀中[③]。中央者，中地也[④]；然而不中者，命也。人以其全足笑吾不全足者多矣，我怫然而怒[⑤]；而适先生之所[⑥]，则废然而反[⑦]。不知先生之洗我以善邪[⑧]？吾与夫子游十九年矣[⑨]，而未尝知吾兀者也。今子与我游于形骸之内[10]，而子索我于形骸之外[11]，不亦过乎？”

子产蹴然[12]，改容更貌曰：“子无乃称[13]！”

注释

①计：计算，估量。反：反省。

②状：陈述，辩解。其过：自己的过失。以：认为。亡：丢失、失去。

③羿：古代神话传说中的善射者。彀中：弓箭射程范围之内，喻指人们生活的社会范围。彀gòu，张满弓弩。

④中地：最易射中的地方。

⑤怫然：勃然，发怒时生气的样子。

⑥先生：指伯昏无人。所：寓所。

⑦废然：怒气消失的样子。反：通“返”，回到原有的正常神态。

⑧洗我以善：即以善洗我，用善道来教诲我。

⑨夫子：指伯昏无人。

⑩形骸之内：指人的精神世界。

⑪形骸之外：指人的外在形体。

⑫蹴cù然：惭愧不安的样子。

⑬乃：仍。称：称述，说。

译文

子产说：“你已经是这样了，还要跟唐尧争比善心。你估量你的德行，受过断足之刑还不足以使你有所反省吗？”

申徒嘉说：“一个人辩解自己的过错，认为不应当残疾的人很多；不辩解，认为自己不应当全形的人很少。懂得世事无可奈何，而安之若素，把它当作上天的安排，只有德行高的人才能做到。一个人来到世上，就像走进后羿张弓搭箭的射程之内，中央的地方也就是最容易中靶的地方，然而却没有被射中，这就是命。因为完整的双脚而笑话我残疾的人很多，我常常脸色陡变、怒气填胸；可是来到先生的寓所，我便怒气全消。这难道不是因为先生用善道来教化我的吗？我跟随先生十九年了，可是先生从不曾觉得我是个断了脚的人。如今你跟我以德相交，而你却用外在的形貌来要求我，这不又完全错了吗？”

子产听了申徒嘉一席话深感惭愧，脸色顿改，说：“请不要再说下去了！”

三

鲁有兀者叔山无趾，踵见仲尼①，仲尼曰：“子不谨，前既犯患若是矣。虽今来，何及矣②！”

无趾曰：“吾唯不知务而轻用吾身③，吾是以亡足。今吾来也，犹有尊足者存焉④，吾是以务全之也⑤。夫天无不覆⑥，地无不载，吾以夫子为天地，安知夫子之犹若是也！”

孔子曰："丘则陋矣[7]。夫子胡不入乎，请讲以所闻！"

无趾出。孔子曰："弟子勉之！夫无趾，兀者也，犹务学以复补前行之恶，而况全德之人乎[8]！"

注释

①叔山无趾：字叔山，因受刖刑断脚趾，用脚后跟来走路，号无趾。这又是一个虚构的人物。踵：用脚后跟走路。

②何及：怎么赶得上。言外之意怎么能够补救。

③不知务：不通晓事理。

④尊足：比足更尊贵。

⑤务：务求，努力做到。

⑥无：莫名，没有什么。

⑦陋：浅薄固陋。

⑧全德：此处指全形之人。

译文

鲁国有个被砍去脚趾的人，名叫叔山无趾，用脚后跟走路去拜见孔子。孔子对他说："你不谨慎，早先犯了过错才留下如此的后果。虽然现在你来请教，可是怎么能够来得及呢！"

叔山无趾说："我只因不识事理而轻率作践自身，所以才断了脚。如今我来到你这里，还有比双脚更珍贵的东西了，所以我想竭力保全它。苍天覆盖万物，大地托载众生，我把先生看作天地，哪知先生竟是这样的人！”

孔子说：“我实在浅薄。你怎么不进来呢，请说说你的看法。”

叔山无趾走了。孔子对他的弟子说：“你们要努力啊。叔山无趾是一个断了脚的人，他还努力求学来补救先前做过的错事，何况形体完整的人呢！”

无趾语老聃曰①：“孔丘之于至人，其未邪？彼何宾宾以学子为②？彼且蕲以諔诡幻怪之名闻③，不知至人之以是为己桎梏邪④？”

老聃曰：“胡不直使彼以死生为一条⑤，以可不可为一贯者⑥，解其桎梏，其可乎？”

无趾曰：“天刑之⑦，安可解！”

注释

①老聃 dān：即老子，姓李，名聃。

②宾宾：频频。学子：即学于子，向老聃请教。

③蕲 qí：求。諔 chù 诡：奇异。“諔诡幻怪”四字词义相近，都含奇特、怪异、虚妄的意思。

④桎梏：古代的一种刑具，犹如脚镣手铐，喻指束缚自己的工具。

⑤一条：一致，一样的。

⑥一贯：齐一相通。贯，通。

⑦天：自然。刑：惩罚。

译文

叔山无趾对老子说："孔子还没有达到'至人'的境地啊。他为什么常常来向你求教呢？他还在祈求以奇异虚妄的名声来显扬天下，难道不懂得至人把名声看成枷锁吗？"

老子说："怎么不使他了解死生为一致，把可与不可看作是齐一的道理，从而解除他的枷锁，这样可以吗？"

叔山无趾说："这是上天给他的枷锁，哪里可以解除！"

四

鲁哀公问于仲尼曰："卫有恶人焉[①]，曰哀骀它[②]。丈夫与之处者[③]，思而不能去也[④]。妇人见之，请于父母曰'与为人妻，宁为夫子妾'者，十数而未止也。未尝有闻其唱者也，常和人而矣[⑤]。无君人之位以济乎人之死[⑥]，无聚禄以望人之腹[⑦]。又以恶骇天下[⑧]，和而不唱，知不出乎四域[⑨]，且而雌雄合乎前[⑩]。是必有异乎人者也。寡人召而观之[⑪]，果以恶骇天下。与寡人处，不至以月数，而寡人有意乎其为人也[⑫]；不至乎期年[⑬]，而寡人信之。国无宰[⑭]，寡人传国焉。闷然而后应[⑮]，氾然而若辞[⑯]。寡人丑乎，卒授之国。无几何也，去寡人而行，寡人恤焉若有亡也[17]，若无与乐是国也。是何人者也？”

注释

①恶：丑陋。

②哀骀 tái 它：庄子寓言中的虚构人物。

③丈夫：古代成年男子的通称。

④去：离开。

⑤唱：倡导，前导。和：应和。

⑥君人之位：即统治别人的地位。济：救助。

⑦禄：俸禄，这里泛指财物。望：月圆；引申为饱腹之义。

⑧骇：惊扰。

⑨四域：四周的邻界。

⑩雌雄：这里泛指妇女和男人。合：亲近。

⑪寡人：古代国君的谦称。

⑫意：猜想，意料。“有意乎其为人”意思是，对于他的为人有所了解。

⑬期 jī 年：一周年。

⑭宰：主持政务的官员。

⑮闷然：神情淡漠的样子。

⑯氾：同“泛”，形容心不在焉，漫不经心的样子。辞：推却。

⑰恤 xù：忧虑。亡：失。

译文

鲁哀公问孔子："卫国有个面貌十分丑陋的人，名叫哀骀它。男人跟他相处，想念他而舍不得离去。女人见到他便请求父母说'与其做别人的妻子，不如做哀骀它先生的妾'。这样的女人已经有十几个了，甚至还在增多。从不曾听说哀骀它倡导什么，只是常常应和别人罢了。他没有权位，却拯救他人于困境，他没有钱财，却使别人吃饱肚子。且他样子丑陋让天下人都吃惊，又应和而不倡导，他的才智也不超出人世之外，可是男人女人都乐于亲近他。这样的人必定有什么不同于常人的地方。我把他召来看了看，果真丑陋得足以惊骇天下人。跟我相处不到一个月，我便对他有所了解；不到一年时间，我就十分信任他。当时国家没有宰相，我便把国事委托给他。他却神情淡漠无意应承国事，漫不经心好似有所推辞。我深感羞愧，终于把国事交给了他。没过多久，他就离开了我，我心中忧闷像丢失了什么，好像整个国家没有谁可以跟我一同欢乐似的。这究竟是什么样的人呢？"

仲尼曰："丘也尝使于楚矣[①]，适见豘子食于其死母者[②]，少焉眴若皆弃之而走[③]。不见己焉尔，不得类焉尔。所爱其母者，非爱其形也，爱使其形者也[④]。战而死者，其人之葬也不以翣资[⑤]；刖者之屦[6]，无为爱之；皆无其本矣。为天子之诸御[7]，不翦爪[8]，不穿耳；取妻者止于外[9]，不得复使。形全犹足以为尔[10]，而况全德之人乎！今哀骀它未言而信，无功而亲，使人授己国，唯恐其不受也，是必才全而德不形者也[11]。"

注释

①使：出游。

②㹠 tún 子：小猪。㹠，同"豚"。食：吮吸乳汁。

③少焉：一会儿。眴 shùn 若：惊慌的样子。走：跑。

④使：主使，支配。

⑤翣 shà：古代出殡时棺木上的饰物，形同羽扇。资：送。

⑥刖 yuè：断足的刑罚。屦 jù：用麻、葛等制成的单底鞋，这里泛指鞋子。

⑦诸御：宫中御女，即宫女。宣颖《南华经解》有言，古时宫制，选为天子宫妃，不剪指甲，不穿耳眼，"全其形，以垂至尊之盼"。

⑧翦 jiǎn："剪"字的异体，这里指不修指甲。

⑨取：通"娶"。

⑩尔：如此。

⑪才全：才质完备。德不形：德不外露。

译文

孔子说："我曾出游楚国，正巧看见一群小猪在吮吸刚死去的母猪的乳汁，不一会儿又惊惶地丢弃母猪逃跑了。因为母猪已经死去，不像活着时候的样子了。小猪爱它们的母亲，不是爱它的形体，而是爱主宰它形体的精神。战死沙场的人，行葬时不用饰物，断了脚的人，不会爱惜他原来的鞋子，这都是因为失去了根本。做天子嫔妃的，不剪指甲，不穿耳洞；娶妻之人可以在外留宿，不能再到宫中服役。为保全形体尚且能够如此，何况德性完美而高尚的人呢？如今哀骀它不开口便能取信于人，没有功绩也能赢得亲敬，能使别人把自己的国事委托于他，还唯恐他不接受，这一定是‘才全’而‘德不形’的人。”

哀公曰："何谓才全？"

仲尼曰："死生存亡，穷达贫富[1]，贤与不肖毁誉，饥渴寒暑，是事之变，命之行也[2]；日夜相代乎前[3]，而知不能规乎其始者也[4]。故不足以滑和[5]，不可入于灵府[6]。使之和豫通而不失于兑[7]，使日夜无郤而与物为春[8]，是接而生时于心者也[9]。是之谓才全。"

注释

①穷：困窘，走投无路。达：通畅、顺利。

②命之行：自然的运行，指非人为造成的情况变化。

③相代：相互更替。

④规：窥。

⑤滑：乱。和：平和，均衡。

⑥灵府：心灵。

⑦豫：安适。通：流畅，比喻心灵的安逸自得。兑：通“悦”，欢乐。

⑧郤 xì：通“隙”，间隙的意思。

⑨接：接触外物。时：顺时，顺应四时而作的意思。

译文

鲁哀公问：“什么叫‘才全’呢？”

孔子说：“死、生、得、失，穷、达、贫、富，贤能与不肖、诋毁与称誉，饥、渴、寒、暑，这些都是事物的变化，都是自然规律的运行；日夜更替，而人的智慧却不能窥见它们的起始。因此它们都不足以搅乱本性的平和，也不足以侵扰人们的心灵。要使心灵平和安适，通畅而不失怡悦，日夜没有间断而随物所在保持春和之气，这样心灵能感应外物而萌生顺应四时的感情。这就叫作‘才全’。”

“何为德不形？”

曰：“平者，水停之盛也。其可以为法也[①]，内保之而外不荡也[②]。德者，成和之修也[③]。德不形者，物不能离也。”

哀公异日以告闵子曰④："始也吾以南面而君天下，执民之纪而忧其死⑤，吾自以为至通矣。今吾闻至人之言，恐吾无其实，轻用吾身而亡其国。吾与孔丘，非君臣也，德友而已矣。"

注释

①法：仿效，借鉴。

②荡：动。

③成和之修：事得以成功、物得以顺和的极高修养。

④闵子：人名，孔子的弟子。

⑤纪：纲纪。

译文

鲁哀公又问："什么叫'德不形'呢？"

孔子说："水平是极端的静止状态。它可以作为取法的准绳，内心保持大静便能不为外境所动。所谓德，就是完美平和的修养。德不外露，外物自然就不离开他了。"

有一天鲁哀公把孔子这番话告诉闵子，说："起初，我认为坐朝当政统治天下，掌握国家的纲纪而忧心人民的死活，便以为尽善尽美了。现在我听到至人一番话，倒忧虑自己没有实在的政绩，轻率作践自身而使国家陷入危亡之境。我跟孔子不是君臣关系，而是以德相交的朋友啊。"

五

闉跂支离无脤说卫灵公①，灵公说之②；而视全人，其脰肩肩③。瓮㼜大瘿说齐桓公④，桓公说之；而视全人，其脰肩肩。

故德有所长，而形有所忘。人不忘其所忘，而忘其所不忘，此谓诚忘⑤。

故圣人有所游，而知为孽⑥，约为胶⑦，德为接⑧，工为商⑨。圣人不谋，恶用知？不斫⑩，恶用胶？无丧⑪，恶用德？不货⑫，恶用商？四者，天鬻也⑬；天鬻者，天食也⑭。既受食于天，又恶用人！有人之形，无人之情。有人之形，故群于人，无人之情，故是非不得于身。眇乎小哉⑮，所以属于人也！謷乎大哉⑯，独成其天！

注释

①闉跂支离无脤：庄子寓言中的虚构人物，是个肢体坼裂、佝偻残病又无嘴唇的人。闉跂yīnqǐ，曲足。支离，伛偻病残的样子。脤 chún，同“唇”。说 shuì：游说。

②说 yuè：通“悦”；喜欢。

③脰 dòu：颈项。肩肩：细小的样子。

④瓮㼜 wèngàng 大瘿 yǐng：虚构人名，此人颈下的瘤子大如瓮㼜，这里也是用畸形特征作为人

名。瓮盎，腹大口小的陶制盛器。瘿，瘤。

⑤诚：真实，真正。

⑥孽 niè：祸根。

⑦约：约束。胶：粘固，胶着。

⑧德为接：把施德看作交接手段。德，小惠施人。接，交接。

⑨工：工巧。

⑩斫 zhuó：雕琢，砍斫。

⑪丧：丢失、缺损。

⑫货：买卖东西以谋利。

⑬天：自然。鬻 yù：通“育”，养育。

⑭天食：禀受自然的饲养和供给。

⑮眇 miǎo：微小。

⑯謷 áo：高大的样子。

译文

有一个跛脚、伛背、缺唇的人游说卫灵公，卫灵公十分喜欢他；再看看那些体形完整的人，反倒觉得他们的脖颈实在是太细太细了。有一个颈瘤大如瓮盎的人游说齐桓公，齐桓公十分喜欢他；再看看那些体形完整的人，反而觉得他们的脖颈实在是太细太细了。

所以，只要有过人的德性，形体上的缺陷就会被遗忘。人们如果不能忘记应该忘记的形体，而忘记了不应当忘记的德性，这就叫作真正的遗忘。

因而圣人悠游自适，把智巧看作祸根，把礼义约束看作胶执，把施德看作交接手段，把工巧看作商贾行径。圣人不图谋虑，哪里用得着智慧？圣人不施雕琢，哪里用得着胶执？圣人浑然无缺，哪里用得着推展德行？圣人不求谋利，哪里用得着经商？这四者叫作天养。所谓天养，就是禀受自然的饲养。既然受养于自然，又哪里用得着人为！有了人的形貌，不一定有人的内在真情。有了人的形体，所以与人相处；没有人的真情，所以是与非都不会影响他。渺小呀，与人同类！伟大呀，和自然同体。

六

惠子谓庄子曰[①]："人故无情乎？"

庄子曰："然。"

惠子曰："人而无情，何以谓之人？"

庄子曰："道与之貌[②]，天与之形，恶得不谓之人？"

惠子曰："既谓之人，恶得无情？"

庄子曰："是非吾所谓情也。吾所谓无情者，言人之不以好恶内伤其身，常因自然而不益生也[③]。"

惠子曰："不益生，何以有其身？"

庄子曰："道与之貌，天与之形，无以好恶内伤其身。今子外乎子之神，劳乎子之精[④]，倚树而吟，据（槁）梧而瞑[⑤]，天选之形[⑥]，子以坚白鸣[7]！”

注释

①惠子：即惠施，名家的代表人物。

②道：与“天”对应，“天”指事物的自然，“道”指事物的本原，即宇宙万物的本体。

③益：增添。

④劳：耗费。

⑤据：靠，凭依。槁梧：指用梧桐木做成的几案。瞑：通“眠”，假寐。

⑥选：自然的授予。

⑦坚白：“坚白”论是古代名家的著名言论，它以石为喻，指石之白色与石之坚质都独立于“石”。庄子对于这一类辩论极不赞赏，斥之为无稽之谈。

译文

惠子对庄子说：“人是没有情的吗？”

庄子说：“是的”。

惠子说：“一个人假如没有情，怎能称作人呢？”

庄子说：“道赋予人容貌，天赋予人形体，怎么能不称作人呢？”

惠子说：“既然已经称作了人，又怎么能够没有情？”

庄子回答说：“这并不是我所说的情呀。我所说的无情，是说人不因好恶而伤害自身的本性，常常顺任自然而不随意增添些什么。”

惠子说：“不添加什么，靠什么来保有自己的身体呢？”

庄子回答说：“道赋予人容貌，天赋予人形体，可不要因外在的好恶而伤害了自己的本性。如今你外露你的心神，耗费你的精力，靠着树干吟咏，凭依几案闭目假寐。自然授予了你的形体，你却以‘坚’‘白’的诡辩而自鸣得意！”

大宗师

题解

对山的想象有无数种，却唯独缺了偷山。清风明月之下，有人夜半偷山，该是一种多大的力量。这力量能够让相濡以沫的小鱼放弃彼此，相忘于江湖；能让孔子觉察自己是梦中的执迷者，贪恋生，惦念死，沉湎于哀乐而不能自拔，固守俗礼而无法释怀。这力量的名字叫大宗师。

“大宗师”，即以宗大道为师。本篇写真人体道的过程，道的境界，道的特性，体道之法等。通过几个方外之交的故事解释道的具体含义和真谛。宇宙自然皆为一体，孕育生命的来源便是其间运行的大道。因道而生“天人合一”“死生一如”“安化”“相忘”等诸多的人生哲学。

本篇分为十个部分。第一部分首先介绍智慧的最高境界，了解“天之所为”与“人之所为”的真正内涵；其次解释什么是真人，以及真人的神态面貌。真人懂得“天与人不相胜也”，内心齐同万物，感应自然天地。第二部分通过涸泽之鱼说明生死之事循自然之理运行，人力不可违背，“不如两忘而化其道”。通过夜半偷山的故事说明人不应当拘泥于形体的美善，要心游大化，无得无失，与道共存。第三部分介绍道的特性，以及道被运用于世的实际功效。第四部分通过南伯子葵与女偊的对话介绍体道的过程。第五部分通过交友与生病的故事，说明得道之人“以无为首，以生为脊，以死为尻”，懂得死生存亡为一体的大道真知。第六部分通过交友与吊唁的故事，说明死生之事皆为自然变化，不必有哀乐之情。儒家之礼面对死生要求有礼的约束，而方外之士则“畸于人而侔于天”，深谙礼的真意。第七部分通过颜回与仲尼的对话，说明世间觉醒者皆不知生死，虽不合于现世礼法，却懂得礼的真正含义，进入道的境界。第八部分通过许由与意而子的对话，说明道的获得要摒弃仁义的观念。第九部分通过颜回与孔子的对话阐释体道的途径，即“坐忘”，遗忘自己的肢体，摒除自己的聪明，离开了本体而忘记知识，和道相通为一，这就是坐忘。第十部分通过子舆思考贫困的故事说明人之万般变化皆由“命”而来，安于贫困便是安于“命”，便是顺应自然大化。

一

知天之所为[①]，知人之所为者，至矣。知天之所为者，天而生也；知人之所为者，以其知之所知[②]，以养其知之所不知，终其天年而不中道夭者，是知之盛也[③]。

虽然，有患。夫知有所待而后当[④]，其所待者特未定也[⑤]。庸讵知吾所谓天之非人乎[⑥]？所谓人之非天乎？

注释

①天：天然的大道，万物的宗师。

②其知：他的智慧。知，通“智”。

③知之盛：认识的最高境界。盛，极。

④知：认识。所待：要依赖一定条件。当：恰当。

⑤特：独。

⑥庸讵：何以，怎么。

译文

知道什么是天然的，懂得什么是人为的，这就是智慧的极限了。知道上天的安排是自然的，懂得人的所作所为是靠自己的认识洞察的，去生发培养自己的认识所不及的，能够尽享天年而不会中途夭亡的人，这是达到认识的最高境界了。

虽然这样，还是有隐患。知识要依赖一定的条件，而后才能判断它的正确与否，只是所依的条件变幻莫测，没个定准。那怎么知道我所说的天然的不是人为的呢？我所说的人为的就不是天然的呢？

且有真人而后有真知[1]。何谓真人？古之真人，不逆寡，不雄成，不谟士[2]。若然者，过而弗悔，当而不自得也[3]。若然者，登高不栗，入水不濡，入火不热。是知之能登假于道者也若此[4]。

注释

①真人：有真知的全真之人。

②谟士：谋事。

③过：错过。当：时机。

④登假：登至。假，至。

译文

先有真人，后有真知。什么叫真人？古时候的真人，不拒绝薄德无智的愚人，不自恃其功，不谋虑俗事。像这样的人，错过时机而不后悔，顺利得当而不自满。像这样的人，登高不发抖，入水不觉湿，蹈火不嫌热。只有智慧达到与道相合的境地才能这样。

古之真人，其寝不梦，其觉无忧，其食不甘，其息深深。真人之息以踵，众人之息以喉[1]。屈服者[2]，其嗌言若哇[3]。其耆欲深者[4]，其天机浅。

古之真人，不知说生[5]，不知恶死[6]；其出不䜣[7]，其入不距[8]；翛然而往，翛然而来而已矣[9]。不忘其所始，不求其所终；受而喜之，忘而复之，是之谓不以心损道，不以人助天。是之谓真人。

注释

①息：呼吸。踵：脚跟。喉：喉咙。

②屈服者：辩论中被屈服的人。

③嗌 ài：咽喉堵塞。哇：呕吐。

④耆：通“嗜”，嗜好。

⑤说生：对生存感到欣喜。说，通“悦”。

⑥恶死：厌恶死亡。

⑦出：生。䜣：同“欣”，欣喜。

⑧入：死。距：通“拒”，抗拒。

⑨翛 xiāo 然：无拘无束的样子。

译文

古时候的真人，睡觉时不做梦，醒来后不忧虑，饮食不求精美，呼吸总是深沉。真人的呼吸直达脚跟，普通人的呼吸只用咽喉。辩论中处于哑口无言的一方，他的言语塞在喉咙里像是呕吐。凡是嗜欲过深，痴情于一物的人，天机就越浅。

古时候的真人，不知道因活着而欢喜，不知道因将死而厌恶；不因出生而欣喜，不因死亡而抗拒，逍遥自在而去，无拘无束而来罢了。不忘记自己从哪里来，不渴求最终的归宿；事情来了便欣然接受，忘记尘世牵绊而复归自然，这就是不用心智去损害道，不用人为的安排去辅助天然的事物。这就是真人。

若然者，其心忘，其容寂，其颡頯①。凄然似秋，暖然似春，喜怒通四时，与物有宜而莫知其极。（故圣人之用兵也，亡国而不失人心；利泽施乎万世，不为爱人②，故乐通物，非圣人也；有亲，非仁也；天时，非贤也；利害不通③，非君子也；行名失己，非士也；亡身不真④，非役人也。若狐不偕、务光、伯夷、叔齐、箕子、胥馀、纪他、申徒狄⑤，是役人之役，适人之适，而不自适其适者也。）⑥

注释

①颡頯 sǎngkuí：颡，额头。頯，宽大的样子。

②爱：偏爱。

③通：等同，平齐。

④亡身：真性泯灭，丧失天性。

⑤狐不偕：姓狐，字不偕，尧时贤人，不受尧禅让，投河而死。务光：夏末隐士，汤让天下而不受，负石投庐水而死。伯夷、叔齐：首阳山隐士，不食周粟而死。箕子：纣王庶叔，因忠谏不从而佯狂为奴，被纣王囚禁。胥馀：不详。或谓比干，或谓伍子胥，皆无从稽考。纪他：殷时隐者，恐汤让位，携弟子俱隐窾水旁。申

徒狄：殷时人，因仰慕纪他，负石沉河而死。

⑥“故圣人之用兵也……而不自适其适者也”：此一百零一字为误入，存以置疑。

译文

像这样的人，内心忘怀了一切，他的容貌静寂安闲，他的额头宽大恢宏；他的冷寂如秋天般萧肃，他的温柔像春天般温暖，喜怒哀乐之情顺从四时变化，与万物相适宜，与万物皆友好，而我们无法获知他的底蕴。(所以圣人用兵打仗，虽失去故土却不失百姓的爱戴；恩泽遍及万世，毫不偏私。所以有心和别人交往的人不是圣人；有偏爱，这是不仁；揣度时势，这是不贤；利害不能相通为一，这不是君子；为求名利而迷失自我，这不是士；真性泯灭，这不是主宰者。像狐不偕、务光、伯夷、叔齐、箕子、胥馀、纪他、申徒狄这些人，是被役使者，使人安适，而非自求安适之人。)

古之真人，其状义而不朋①，若不足而不承；与乎其觚而不坚也②，张乎其虚而不华也③；邴乎其似喜也④！崔乎其不得已也⑤！滀乎进我色也⑥，与乎止我德也⑦；厉乎其似世也⑧！謷乎其未可制也⑨；连乎其似好闭也⑩，悗乎其忘言也⑪。(以刑为体⑫，以礼为翼⑬，以知为时⑭，以德为循⑮。以刑为体者，绰乎其杀也[16]；以礼为翼者，所以行于世也；以知为时者，不得已于事也；以德为循者，言其与有足者至于丘也；而人真以为勤行者也。）[17]故其好之也一，其弗好之也一。其一也一，其不一也一。其一与天为徒，其不一与人为徒。天与人不相胜也[18]，是之谓真人。

注释

①义而不朋 bēng：巍峨高大而不畏缩。义，通“峨”，高大。朋，通“崩”，崩坏，畏缩。

②与乎：安闲的样子。觚 gū：通“孤”，超群独立。坚：固执。

③张乎：广大的样子。虚：清虚。华：浮华。

④邴 bǐng 乎：欣喜的样子。

⑤崔乎：一举一动的样子。

⑥滀 chù 乎：容光焕发的样子。滀，水聚有光泽，形容内心充实而容颜和悦。

⑦与乎：宽舒的样子。与，通“豫”，宽舒。止：归依。

⑧厉乎：广阔的样子。

⑨謷 ào 乎：高远超逸的样子。謷，通“傲”，高远旷达。

⑩连乎：沉默的样子。闭：闭口缄默。

⑪悗 mèn 乎：无心的样子。

⑫刑：刑律。体：主体。

⑬翼：羽翼，引申为辅助。

⑭时：时势。

⑮循：遵循。

⑯绰：宽余，引申为宽大。

⑰此段为误入，存疑。

⑱胜：超越，对立。

译文

古时候的真人，他的神态巍峨高大而不畏缩，如有不足而又无所承受；安闲超群而不执着，心胸宽广、虚怀若谷而不浮华；畅然自适似乎内心欢喜，一举一动好像不得已；内心充实、和颜悦色而令人亲近，德行宽舒深厚而令人归依；心灵广袤犹如世界之大，高远超逸而不拘礼法；沉默不语好似喜欢缄默，漫不经心好像忘记了自己的言论。（把刑律作为主体，把礼仪作为辅助，用智慧审时度势，以德行为遵循原则。把刑律作为主体，虽杀一儆百仍觉得宽大；把礼仪作为辅助，要广推于世；用智慧审时度势，这是出于无奈而应付俗事；以德行为遵循原则，把有识之士都引导到很高的境界；而世人真的认为真人是勤奋修行的呢。）所以无论真人喜爱或是厌恶，都是相通为一。无论真人认为合一或是不合一，也都是相通为一。认为天与人相通为一的便与自然同类，认为天与人不相通的便与人同类。认为天与人无所对立的，这就叫真人。

二

死生，命也[①]，其有夜旦之常，天也[②]。人之有所不得与[③]，皆物之情也。彼特以天为父[④]，而身犹爱之，而况其卓乎[⑤]！人特以有君为愈乎己，而身犹死之，而况其真乎[⑥]！

泉涸[⑦]，鱼相与处于陆，相呴以湿[⑧]，相濡以沫[⑨]，不如相忘于江湖，与其誉尧而非桀也，不如两忘而化其道[⑩]。（夫大块载我以形[⑪]，劳我以生，佚我以老[⑫]，息我以死。故善吾生者，乃所以善吾死也。）[⑬]

注释

①命：自然现象而不可抗拒。

②有：通"犹"，好像。天：自然规律而不可违背。

③与：干预。

④彼：人。特：独，仅。

⑤卓：卓然独立的大道。

⑥真：道。

⑦涸：干枯。

⑧呴 xǔ：嘘吸，呼吸。

⑨濡：湿润。

⑩化其道：与道化而为一。

⑪大块：大地。载：托载。

⑫佚：通“逸”，闲逸。

⑬此段或为误入，存疑。

译文

死亡与新生，都是不可抗拒的自然现象，就像白昼与黑夜的交替一样，这是自然规律。人们不能干预某些事情的发展，这都是万物运行的情理。人们认为上天是生身之父，而且终生爱戴它，又何况卓然独立的大道呢。人们认为君主的势位超过自己，而舍身效忠，何况独立超绝的道呢。

泉水枯竭了，一群鱼儿一同困于陆地上，用湿气相互嘘吸，用唾液相互滋润，倒不如在江湖里彼此相忘。与其赞美尧君、责难桀帝，倒不如忘记这些是非，与道化而为一。（大地用形体托载着我，用生长来犒劳我，用衰老来闲逸我，用死亡来安息我。把我的出生视为好事，把我的死亡亦视为好事。）

夫藏舟于壑，藏山于泽，谓之固矣[①]。然而夜半有力者负之而走[②]，昧者不知也[③]。藏小大有宜，犹有所遁[④]。若夫藏天下于天下而不得所遁，是恒物之大情也。（特犯人之形而犹喜之[⑤]。若人之形者，万化而未始有极也，其为乐可胜计邪[⑥]！）[⑦]故圣人将游于物之所不得遁而皆存。善夭善老[⑧]，善始善终，人犹效之，又况万物之所系，而一化之所待乎！

注释

①固：牢固，可靠。

②夜半：半夜。

③昧者：睡觉的人。

④遁：逃遁，亡失。

⑤特：与“一”义同。犯：通“范”，铸造。

⑥胜：尽。

⑦此段或为误入，存疑。

⑧夭：少。

译文

把小船藏在山谷中，把大山藏在深水中，这可以说是很牢固了。可是在半夜时分，有大力气的人背着它逃走了，而睡觉的人还在梦中，毫无觉察。将小东西隐藏在大的东西里是非常适宜的，但仍不免于亡失。如果把天下托付给天下，便能免于亡失，这是万物普遍的至理。（一旦人形铸成，便欣然自喜。如果知道人的形体千变万化没有尽头，这样的欣喜哪里能计算清楚呢？）所以圣人闲游在自然中，无得无失，与道共存。对于老少生死都能安顺的人，人们可以效法他。又何况世间万物的根源和生死变化所依靠的道呢？

三

夫道，有情有信[1]，无为无形；可传而不可受[2]，可得而不可见；自本自根，未有天地，自古以固存；神鬼神帝，生天生地；在太极之上而不为高[3]，在六极之下而不为深[4]，先天地生而不为久，长于上古而不为老。

（狶韦氏得之，以挈天地[5]；伏戏氏得之，以袭气母[6]；维斗得之，终古不忒[7]；日月得之，终古不息；堪坏得之[8]，以袭昆仑；冯夷得之，以游大川[9]；肩吾得之，以处大山[10]；黄帝得之，以登云天[11]；颛顼得之[12]，以处玄宫；禺强得之，立乎北极[13]；西王母得之，坐乎少广[14]，莫知其始，莫知其终；彭祖得之，上及有虞，下及五伯[15]；傅说得之，以相武丁，奄有天下[16]，乘东维，骑箕尾，而比于列星[17]。）[18]

注释

①情、信：真实。

②受：通“授”。

③太极：谓清虚混沌之气。

④六极：六合，指天、地与四方。

⑤狶 shǐ 韦氏：传说中的远古帝王。之：大道。挈 qiè：提挈，整顿。

⑥伏戏氏：伏羲氏。袭：调和。气母：元气。
⑦维斗：北斗星。不忒：不易其度。
⑧堪坏：传说中昆仑山之神，人面兽形。
⑨冯夷：黄河之神。大川：指黄河。
⑩肩吾：泰山之神。大山：泰山。
⑪以登云天：谓登天成仙。
⑫颛顼 zhuānxū：黄帝之孙，为五帝之一，号高阳。
⑬禺强：水神。北极：北海。
⑭西王母：传说中的神人。少广：传说中的山名。
⑮彭祖：传说为帝颛顼之元孙。有虞：虞舜时代。五伯：五霸，分别指夏朝昆吾，殷朝大彭、豕韦，周朝齐桓公、晋文公。
⑯傅说：殷商时代的名相。奄有：囊括。
⑰乘、骑：驾驭。东维、箕尾：星名。比：并列。
⑱此段神话疑为误入，存疑。

译文

道是真实可信的，无所作为，也无迹可寻；可以心传而不能口授，可以心得而不能目见；它自生自长，在天地尚未形成之前，自古以来便已存在；自它以后有了鬼神和天帝，而后又生了天与地；它在太极之上却不算高，在六合之下却不算深，早于天地而生却不算久，长于上古却不算老。

(豨韦氏得道，整顿乾坤；伏羲氏得道，调和元气；北斗星循道，不易其度；日月循道，运行不止；堪坏守道，入主昆仑山；冯夷守道，闲游黄河；肩吾得道，驻守泰山；黄帝得道，登天成仙；颛顼循道，居住玄宫；禺强循道，自立于北海；西王母守道，常坐少广山，不知生否，亦不知死否；彭祖得道，从上古虞舜时代活到五伯时代；傅说得道，做了殷高宗武丁的国相，统治天下；驾驭东维、箕尾二星，而与众星并列。）

四

南伯子葵问乎女偊曰[1]："子之年长矣，而色若孺子[2]，何也？"

曰："吾闻道矣[3]。"

南伯子葵曰："道可得学邪？"

曰："恶！恶可！子非其人也。夫卜梁倚有圣人之才而无圣人之道[4]，我有圣人之道而无圣人之才，吾欲以教之，庶几其果为圣人乎[5]！不然，以圣人之道告圣人之才[6]，亦易矣。吾犹告而守之，三日而后能外天下[7]；已外天下矣，吾又守之，七日而后能外物；已外物矣，吾又守之，九日而后能外生；已外生矣，而后能朝彻[8]；朝彻，而后能见独[9]；见独，而后能无古今；无古今，而后能入于不死不生。杀生者不死[10]，生生者不生[11]。其为物，无不将也[12]，无不迎也；无不毁也，无不成也。其名为撄宁[13]。撄宁也者，撄而后成者也。"

南伯子葵曰："子独恶乎闻之？"

曰："闻诸副墨之子，副墨之子闻诸洛诵之孙[14]，洛诵之孙闻之瞻明[15]，瞻明闻之聂许[16]，聂许闻之需役[17]，需役闻之於讴[18]，於讴闻之玄冥[19]，玄冥闻之参寥[20]，参寥闻之疑始[21]。"

注释

①南伯子葵、女偊 yǔ：庄子寓言中虚构的得道之士。

②孺子：童子。

③闻道：谓得道。

④卜梁倚：庄子寓言中虚构的得道之士。才：天资。道：虚心凝淡之性。

⑤庶几：或许，差不多。

⑥告：告诉，传授。

⑦外：置之度外，遗忘。

⑧朝彻：明彻，形容心境清明洞彻。

⑨独：一，道。

⑩杀生：死灭生命，本文指道。

⑪生生：产生生命，本文指道。

⑫将：送。

⑬撄 yīng 宁：纷乱中保持安宁。

⑭洛诵：反复读诵。洛，读作"络"，反复。

⑮瞻明：见解洞彻。

⑯聂许：耳闻心许。

⑰需役：勤行勿怠。需，须。役，行。

⑱於讴 wūōu：吟咏歌吟。

⑲玄冥：幽渺深远。

⑳参寥：参悟空虚。

㉑疑始：迷茫之始。

译文

南伯子葵问女偊说："您已经很老了，脸色却红润得像小孩一样，这是为什么呢？"

女偊说："我得道了。"

南伯子葵问："道可以学到吗？"

女偊说："不，这不能！你不是学道的人。卜梁倚有圣人的才质却没有圣人的悟性，我有圣人的悟性却无圣人的才质。我想去教他，他或许果真就能成为圣人。不这样的话，用圣人之道传授具有圣人才质的人，也容易领悟。我传授他道的门径而自己却还持守着，三天以后他便遗忘了天下；已经遗忘世间了，我再持守，七天以后便置身物外；已经置身物外了，我再持守，九天以后便超脱生死；已经超脱生死了，然后可以洞彻心灵；心灵世界洞彻了，然后能体道；可以体道了，然后能穿越古今；穿越古今了，然后能达到没有生死的境界。死者未曾灭，生者不曾生。道之为物，无所不送，无所不迎，无所不毁，无所不成。这叫作'撄宁'。'撄宁'就是说在纷扰尘世中保持一颗安宁的心。"

南伯子葵说："你从哪里学的道呢？"

女偊说："我从文字那里得来，文字从诵读那里得来，诵读从见解洞彻那里得来，见解洞彻从耳闻心许那里得来。耳闻心许从勤行勿怠那里得来，勤行勿怠从咏叹歌吟那里得来，咏叹歌吟从幽渺深远那里得来，幽渺深远从参悟空虚那里得来，参悟空虚从迷茫之始那里得来。”

五

子祀、子舆、子犁、子来四人相与语曰①：“孰能以无为首，以生为脊，以死为尻②，孰知死生存亡之一体者，吾与之友矣③。”四人相视而笑，莫逆于心④，遂相与为友。

俄而子舆有病⑤，子祀往问之。曰：“伟哉夫造物者，将以予为此拘拘也⑥！”曲偻发背⑦，上有五管⑧，颐隐于齐⑨，肩高于顶，句赘指天⑩。阴阳之气有沴⑪，其心闲而无事，跰𨇤而鉴于井⑫，曰：“嗟乎！夫造物者又将以予为此拘拘也。”

注释

①子祀、子舆、子犁、子来：皆为虚构人物。相与语：相互交谈。

②尻 kāo：尾骨。

③友：动词，交友。

④莫逆于心：心意相通，无所违背。逆，违背。

⑤俄而：不久。

⑥造物者：道。拘拘：拘挛不伸的样子。

⑦曲偻发背：形容弯腰驼背。曲偻，通“伛偻”，驼背。

⑧上有五管：五脏朝天。

⑨颐：面颊。齐：通“脐”，肚脐。

⑩句赘：发髻。指天：朝天。

⑪沴 lì：凌乱。

⑫跰𨇤 piánxiān：步履蹒跚的样子。

译文

子祀、子舆、子犁、子来四个人在一起聊天：“谁能把‘无’当作头颅，把‘生’当作脊梁，把‘死’当作尾骨，谁懂得死生存亡的道理是相通的，我们就和他交朋友！”四人相视一笑，心意相通，便一同做了朋友。

不久子舆生病，子祀去看望他。子舆说：“真伟大啊！造物者把我变成这个拘挛不伸的样子。”他弯腰驼背，五脏朝天，面颊隐藏在肚脐下面，肩膀高出头顶，发髻朝天。他的阴阳之气紊乱，可内心安适如一，若无其事，看他步履蹒跚地走到水井边，感叹说：“哎呀！造物者又把我变成这个拘挛不伸的样子。”

子祀曰：“女恶之乎①？”

曰："亡，予何恶！浸假而化予之左臂以为鸡[2]，予因以求时夜[3]；浸假而化予之右臂以为弹[4]，予因以求鸮炙[5]；浸假而化予之尻以为轮，以神为马[6]，予因以乘之，岂更驾哉[7]！且夫得者，时也，失者，顺也；安时而处顺，哀乐不能入也。此古之所谓县解也[8]。而不能自解者，物有结之。且夫物不胜天久矣，吾又何恶焉！"

注释

①恶：厌恶。

②浸假：假令，假如。

③时夜：即"司夜"，报晓。

④弹：弹弓。

⑤鸮 xiāo 炙：烤斑鸠。

⑥神：精神。

⑦更：更换。

⑧县 xuán 解：解除束缚。县，通"悬"。

译文

子祀问："你厌恶自己成为这样吗？"

子舆说："不啊，我为什么要厌恶呢！假如造物者把我的左臂变成鸡，我便用它来报晓；假如造物者把我的右臂变成弹弓，我就用它打斑鸠烤肉吃；假如造物者把我的尾骨变成车轮，把我的心神变成奔马，我便会乘车马逍遥，难道还要更换别的车马吗！况且人生下来，是应时而生，人死去，也是顺时而死。能够安心适时、顺应自然，哀乐之情便不能左右你的情绪，这就是古时候所说的解除约束。那些不能自求解脱的人，被外物所牵绊。况且人不胜天，这道理早就有了，我又有什么厌恶的呢？”

俄而子来有病，喘喘然将死[1]。其妻子环而泣之[2]。子犁往问之，曰：“叱！避[3]！无怛化[4]！”倚其户与之语曰[5]：“伟哉造化！又将奚以汝为，将奚以汝适？以汝为鼠肝乎？以汝为虫臂乎？”

子来曰：“父母于子，东西南北，唯命之从。阴阳于人，不翅于父母[6]；彼近吾死而我不听[7]，我则悍矣[8]，彼何罪焉！夫大块载我以形，劳我以生，佚我以老，息我以死。故善吾生者，乃所以善吾死也。今之大冶铸金[9]，金踊跃曰‘我且必为镆铘[10]’，大冶必以为不祥之金。今一犯人之形[11]，而曰‘人耳人耳’，夫造化者必以为不祥之人。特犯人之形而犹喜之。若人之形者，万化而未始有极也，其为乐可胜计邪？[12]今一以天地为大炉，以造化为大冶，恶乎往而不可哉！”成然寐[13]，蘧然觉[14]。

注释

①喘喘然：气喘急促的样子。

②妻子：妻子和儿女。环：围。

③叱：呵斥。避：退避。

④怛 dá：惊扰。化：暗指死亡。

⑤户：门。

⑥不翅：不啻，无异。

⑦近：迫使。

⑧悍：违逆。

⑨大冶：冶金工匠。谓现在冶金匠。

⑩踊跃：跳跃。镆铘：良剑名。“金踊跃”句：金属跳跃起来说“我一定要成为良剑镆铘”。

⑪犯：通“范”，铸造。

⑫此处为本篇第二章末段佚文之正。

⑬成然寐：酣睡。成，熟睡。

⑭蘧然：惊喜的样子。

译文

不久，子来生病了，气喘急促快要死了。他的妻子和孩子围在身边哭泣。子犁去看望他，对他的妻子和孩子说：“去！走开！不要惊扰他由生而死的变化！”子犁靠着门对子来说：“真伟大啊，神奇的造物者！又要把你变成什么东西呢？要把你送到哪里去呢？要把你变成老鼠的肝吗？要把你变成虫子的臂膀吗？”

子来说：“对父母来说，做儿子的，无论走到东西南北，都是听从吩咐的。自然对于人，无异于父母；它要我死，我若不听从，便是违逆，自然有什么错！大自然给我形体，用生使我勤劳，用老使我清闲，用死使我安息。所以善待我的生，也应该善待我的死。现在如果有一个工匠把金属冶铸成器皿，忽然金属跳起来说：‘我一定要成为镆铘宝剑！’工匠一定认为这是不祥的金属。现在有一个铸成人形的东西大喊着说：‘我是人，我是人！’造物者一定认为这是不祥的人。一旦人形铸成，便欣然自喜。如果知道人的形体千变万化没有尽头，这样的欣喜哪里计算清楚呢？现在把天地当作大熔炉，造化是工匠，往哪里去不可以呢！”说完这话，子来便酣睡过去，像是死去，又惊喜地醒来，像是重生。

六

子桑户、孟子反、子琴张三人相与语曰[①]：“孰能相与于无相与[②]，相为于无相为[③]？孰能登天游雾，挠挑无极[④]，相忘以生，无所终穷？”三人相视而笑，莫逆于心，遂相与为友。

莫然有间[⑤]，而子桑户死，未葬。孔子闻之，使子贡往侍事焉[⑥]。或编曲[⑦]，或鼓琴，相和而歌曰：“嗟来桑户乎[⑧]！嗟来桑户乎！而已反其真[⑨]，而我犹为人猗[⑩]！”子贡趋而进曰[⑪]：“敢问临尸而歌，礼乎[⑫]？”二人相视而笑曰：“是恶知礼意！”

注释

①子桑户、孟子反、子琴张：皆为虚构人物。

②相与：相交，交友。

③相为：相助。

④挠挑：宛转。无极：太虚。

⑤莫然：通“漠然”，淡漠无心。有间：不久。

⑥侍事：吊唁和帮治丧事。

⑦编曲：编挽歌。

⑧嗟来：嗟乎，招魂的叹词。来，语助词。

⑨反其真：返归大道。

⑩猗 yī：句末语气词，犹“啊”。

⑪趋：疾行。

⑫礼乎：谓合乎礼仪吗。

译文

子桑户、孟子反、子琴张三人一起聊天，说：“谁能够相交而出于无心，在相助中不留痕迹？谁能够超然物外，乐游无极，忘记有生，而游于无穷？”三人相视而笑，心意相通，便一同做了朋友。

这样淡然相交了不久，子桑户死了，还没有下葬。孔子听说了这件事，让子贡前去帮忙料理丧事。子贡看到孟子反和子琴张两个人，一个在编挽歌，一个在弹琴，二人合歌，唱道：“哎呀桑户啊！哎呀桑户啊！你已经返归本真了，而我们还在尘世漂泊。”子贡快步走到跟前，说：“请问对着尸体歌唱，合乎礼仪吗？”只见二人相视一笑，说：“他哪里懂得礼的真谛！”

子贡反，以告孔子，曰：“彼何人者邪？修行无有，而外其形骸，临尸而歌，颜色不变，无以命之[1]，彼何人者邪？”

孔子曰：“彼，游方之外者也[2]；而丘，游方之内者也。外内不相及[3]，而丘使女往吊之，丘则陋矣[4]。彼方且与造物者为人[5]，而游乎天地之一气。彼以生为附赘县疣[6]，以死为决𤴯溃痈[7]，夫若然者，又恶知死生先后之所在！假于异物，托于同体；忘其肝胆，遗其耳目；反复终始，不知端倪；芒然彷徨乎尘垢之外[8]，逍遥乎无为之业。彼又恶能愦愦然为世俗之礼[9]，以观众人之耳目哉[10]！”

注释

①命：名，称。

②方之外：礼法之外，亦即世外。

③不相及：彼此不相干。

④陋：鄙陋。

⑤为人：为偶，为友。

⑥附：附生。赘：肉瘤。县：通“悬”，悬生的。疣 yóu：肉瘤。

⑦决：破。疣 huàn：皮肤上的肿包。溃痈：使脓疮溃烂。

⑧芒然：同“茫然”。

⑨愦愦 kuì 然：烦乱的样子。

⑩观：示，炫耀。

译文

子贡回去以后，把这件事告诉孔子，说：“他们是什么样的人啊？没有德行修养，把形骸置之度外，对着尸体歌唱，全无哀戚之容，不知该称他们为何等人。他们究竟是什么样的人啊？”

孔子说：“他们都是超然世外之人；而我，是生活在礼仪法度之下的世间之人。内外不相干，而我还让你去吊唁，我显得鄙陋极了。他们正与道为友，遨游于天地之间。他们把生命看作是气的凝聚，就像附生在人身上的肉瘤，把死亡看作是气的消散，就像皮肤上溃烂的脓包，像这样的人，又怎么能知道生与死谁先谁后呢？凭借着不同的东西，聚合为一体；忘记肝胆，忘记耳目；从死亡到新生，反复循环，不探究他们的分别；茫然安闲于尘世之外，逍遥自在于无为之境。他们又怎么能不厌烦那世俗的礼节，表演给众人看呢！”

子贡曰：“然则夫子何方之依[①]？”

孔子曰：“丘，天之戮民也②。虽然，吾与汝共之。”

子贡曰：“敢问其方③。”

孔子曰：“鱼相造乎水④，人相造乎道。相造乎水者，穿池而养给⑤；相造乎道者，无事而生定⑥。故曰：鱼相忘乎江湖，人相忘乎道术⑦。”

子贡曰：“敢问畸人⑧。”

曰：“畸人者，畸于人而侔于天⑨。故曰：天之小人，人之君子；天之君子，人之小人也。”

注释

①夫子：指孔子。何方之依：依从何方。

②天之戮民：天施给刑罚的人。

③方：游于“方外”的方法。

④造：生。

⑤穿池：掘地成池。

⑥生：通“性”，心性。

⑦道术：大道。

⑧畸 jī 人：不合于世俗的人。畸，异。

⑨侔：合，同。

译文

子贡问：“那么您依从哪一方呢？”

孔子答：“从道之所在来看，我是上天施加刑罚的人。即便这样，我们应该共同追求方外之道。”

子贡问:“请问有什么方法?”

孔子答:“鱼儿生于水，人类生于道。生于水的，掘地成池，鱼就能得水而供养。生于道的，安闲无为就能自足。所以说，游鱼在江湖中便能遗忘彼此，人游于大道之中就能遗忘世事。”

子贡问:“请问什么是畸人?”

孔子回答说:“畸人，就是遗世独立，超然物外，却应合于自然的人。从自然之道来看，大自然的小人，便是人世间的君子；大自然的君子，却是人世间的小人。”

七

颜回问仲尼曰：“孟孙才①，其母死，哭泣无涕，中心不戚②，居丧不哀③。无是三者④，以善处丧盖鲁国⑤。固有无其实而得其名者乎⑥？回一怪之⑦。”

仲尼曰：“夫孟孙氏尽之矣⑧，进于知矣⑨，唯简之而不得⑩，夫已有所简矣。孟孙氏不知所以生，不知所以死；不知孰先，不知孰后；若化为物，以待其所不知之化已乎！且方将化，恶知不化哉？方将不化，恶知已化哉？吾特与汝，其梦未始觉者邪⑪！且彼有骇形而无损心⑫，有旦宅而无耗精⑬。孟孙氏特觉⑭，人哭亦哭，是自其所以乃⑮。且也相与吾之耳矣⑯，庸讵知吾所谓吾之非吾乎？且汝梦为鸟而厉乎天[17]，梦为鱼而没于渊。不识今之言者[18]，其觉者乎，其梦者乎？造适不及笑[19]，献笑不及排[20]，安排而去化，乃入于寥天一[21]。”

注释

①孟孙才：姓孟孙，名才，鲁国人。

②中心：心中。戚：悲伤。

③居丧：服丧，守丧。

④是：此。三者：涕泪、悲伤和哀情。

⑤盖：覆盖，名冠一时。

⑥固有：岂有。

⑦一：语助词。

⑧尽之：尽到处丧之礼。

⑨进：胜过。知：代指知道服丧之礼的人。

⑩唯：虽然。

⑪觉：睡醒，梦醒。

⑫骇：当读“改”，改变。

⑬旦宅：形骸的变化。

⑭特觉：独自觉醒。

⑮乃：那个样子。

⑯相与：互相称说。

⑰厉：通“戾”，到达。

⑱不识：不知。

⑲造适：至适，内心感到快适。

⑳献笑：突然发笑。

㉑寥天一：道。

译文

颜回问仲尼："孟孙才的母亲死了，他哭泣没有眼泪，心中不伤悲，守丧不哀痛。没有这三样，却以善于处理丧事而闻名鲁国，岂不是不具其实而浪得虚名的人吗？我觉得很奇怪。"

仲尼回答说："孟孙氏已经尽了处丧之礼，甚至超过知道服丧礼仪的人，服丧之礼需要简化却因世俗的力量无法达成，他已经有所简化了。孟孙氏不知何为生，不知何为死，不知什么是占先，不知什么是居后。他以顺应自然的变化，在等待他所不知道的变化呢！况且现在正要变化，如何能知道那不变化的事情呢？如今没有变化，又怎能知道已经变化的情形呢？我和你，都是梦中的执迷人啊！况且有形体的变化而没有心神的损伤，有躯体的改变而没有精神的消耗。孟孙氏是独自觉醒的人，他看见别人哭他也哭，这是他之所以那样的原因。况且世人都认为我是我，又怎知我所说的我并非真正的我呢？像你做梦，梦见自己成为小鸟飞向蓝天，梦见自己成为大鱼潜入深海。不知道现在正在聊天的我们，是醒着呢，还是在梦中呢？内心忽然一阵快意时，是来不及笑的，油然发出笑声时，是来不及事先安排的，听任自然的安排而顺应变化，就能进入寥远之处的纯一世界。"

八

意而子见许由[1]，许由曰："尧何以资汝[2]？"

意而子曰："尧谓我：'汝必躬服仁义而明言是非[3]。'"

许由曰："而奚来为轵[4]？夫尧既已黥汝以仁义[5]，而劓汝以是非矣[6]，汝将何以游夫遥荡恣睢转徙之涂乎[7]？"

意而子曰："虽然，吾愿游于其藩[8]。"

许由曰："不然。夫瞽者无以与乎眉目颜色之好[9]，盲者无以与乎青黄黼黻之观[10]。"

意而子曰："夫无庄之失其美[11]，据梁之失其力[12]，黄帝之亡其知，皆在炉捶之间耳[13]。庸讵知夫造物者之不息我黥而补我劓[14]，使我乘成以随先生邪[15]？"

许由曰："噫！未可知也。我为汝言其大略。吾师乎[16]！吾师乎！螫万物而不为义[17]，泽及万世而不为仁，长于上古而不为老，覆载天地刻雕众形而不为巧。此所游已！"

注释

①意而子：虚构人物。见：拜见。

②资：教诲。

③躬服：身体力行。明言：明辨。

④而：你。轵 zhǐ：通“只”，语助词。

⑤黥 qíng：在犯人面额刻刺而涂墨的刑罚，亦称墨刑。

⑥劓 yì：割去鼻子的刑罚。

⑦遥荡：逍遥。恣睢：放纵不拘。转徙：指变化。涂：境界。

⑧藩：界域，形容大化之境。

⑨瞽者：有睛有缝而不能见物的瞎子。与：参与，欣赏。

⑩黼黻 fǔfú：古代礼服，绣有花纹。黼，黑白相间。黻，青黑相间。

⑪无庄：虚构的古代美女。

⑫据梁：虚构的古代大力士。

⑬炉捶：炉和锤，冶炼锻打。捶，通“锤”。

⑭息、补：弥合，平息。

⑮乘成：形体完整，相对黥劓而言。

⑯吾师乎：意思是“我的宗师啊！”许由以“道”为宗师。

⑰整 jī：粉碎，引申为调和。

译文

意而子拜见许由，许由问：“尧教你什么？”

意而子说：“尧对我说：‘你一定要践行仁义，明辨是非。’”

许由问：“你还来这里做什么呢？ 尧既然已经用

仁义给你行了墨刑，用是非给你行了劓刑，你还怎么逍遥自由，无拘无束地遨游在万千变化的境界之中呢？”

意而子说：“即便这样，我仍希望逍遥在大化之境。”

许由说：“不行。盲人，不能跟他欣赏面容的美丽；瞎子，不能跟他欣赏色彩和花纹的华丽。”

意而子说：“无庄忘记自己的美丽，据梁失去自己的力气，黄帝遗失自己的智慧，这都是造物者冶炼铸成的。又怎能知道造物者不会平息我受了黥刑的面庞，修复我受了劓刑的鼻子，让我形体完整，乘着大道跟随先生呢？”

许由说：“唉，这是无法知道的事情。我说个大概给你听吧。我的宗师啊！我的宗师啊！调和万物而不认为是义，恩泽万世而不认为是仁，长于上古而不算老，覆盖天地、雕刻万物形体却不认为是巧。这才是逍遥之游啊！”

九

颜回曰：“回益矣[①]。”仲尼曰：“何谓也？”曰：“回忘礼乐矣。”曰：“可矣，犹未也。”

他日，复见，曰：“回益矣。”曰：“何谓也？”曰：“回忘仁义矣！”曰：“可矣，犹未也。”

他日，复见，曰：“回益矣！”曰：“何谓也？”

曰：“回坐忘矣。”仲尼蹴然曰[②]：“何谓坐忘？”颜回曰：“堕肢体[③]，黜聪明[④]，离形去知，同于大通[⑤]，此谓坐忘。”仲尼曰：“同则无好也[⑥]，化则无常也[⑦]。而果其贤乎[⑧]！丘也请从而后也。”

注释

①益：增益，指经过修养而进入道境。

②蹴cù然：因惊奇而变容的样子。

③堕：毁废。

④黜：摒除。

⑤大通：大道。

⑥同：与道相通。好：偏私。

⑦常：常理。

⑧而：通“尔”，你。

译文

颜回说：“我进步了。”孔子说：“怎么进步了呢？”颜回说：“我忘记了礼乐。”孔子说：“很好，但是还不够。”

过了几天，颜回又拜见说：“我进步了。”孔子说：“怎么进步了呢？”颜回说：“我忘记了仁义”。孔子说：“很好，但是还不够。”

过了几天，颜回又拜见说：“我进步了。”孔子说：“怎么进步了呢？”颜回说：“我坐忘了。”孔子吃惊地问：“什么是坐忘？”颜回说：“遗忘自己的肢体，摒除自己的聪明，离开了本体而忘记知识，和道相通为一，这就是坐忘。”孔子说：“和万物相通为一就没有偏私，顺应自然的变化就不会偏执常理。你果真成为贤人了，我也要向你学习，追随在你的身后啊。”

十

子舆与子桑友[1]，而霖雨十日[2]。子舆曰：“子桑殆病矣[3]！”裹饭而往食之。至子桑之门，则若歌若哭，鼓琴曰：“父邪！母邪！天乎！人乎！”有不任其声而趋举其诗焉[4]。

子舆入，曰：“子之歌诗，何故若是？”

曰：“吾思夫使我至此极者而弗得也。父母岂欲吾贫哉？天无私覆，地无私载，天地岂私贫我哉？求其为之者而不得也。然而至此极者，命也夫[5]！”

注释

①子桑：虚构的人名。

②霖雨：连绵不断的雨。

③病：病重，这里指饿得厉害。

④不任：不堪，不胜。趋举：急促地吟唱。

⑤命：自然，即为大宗师的道。

译文

子舆与子桑是朋友，一连下雨十天，绵绵不绝。子舆说："子桑大概要饿病了吧。"于是带着饭送去给他吃。到了子桑的门前，听到又像唱歌又像哭泣的声音，听见弹着琴唱道："父亲啊，母亲啊，天啊，人啊……"歌声微弱，诗句急促。

子舆进去，说："你唱诗，为何是这样的调子？"

子桑说："我在思考让我这般穷困的原因，但却找不到答案。难道是父母要我贫困吗？上天没有偏私哪一隅，大地没有偏私哪一隅，天地岂能独独要我贫困？思考我贫困的原因却怎么也思考不出来。那么我这般境地，是因为命吧！"

应帝王

题解

混沌是一种可贵的状态，如果不懂得珍惜，世界将散裂为无休止的追逐。安然入睡，梦中安详，醒来有一种说不出的快乐，这是成人世界最大的奢求。倘若帝王拥有这种怡然的状态，天下百姓又如何不安居呢？做帝王，应深深懂得“无为”二字的真谛。

“应帝王”篇讲述治世之道，君主应当无为而治，顺应人性之自然，无所偏私，持守本真。第一部分借蒲衣子之口描述理想的君主应该“知情信”“德甚真”“未始入于非人”。第二部分借狂接舆之口描述理想的君主不能仅靠法度约束百姓，要“正而后行”“确乎能其事者”。第三部分借无名人之口描述治理天下的方法，“游心于淡，合气于漠，顺物自然而无容私”。第四部分借老聃之口描述明君治世的方法，“功盖天下而似不自己，化贷万物而民弗恃”。第五部分借神巫看相说明圣人虚己而藏身，“于事无与亲，雕琢复朴”。持守本真，无为而治。第六部分以寓言说明帝王治世，有为而害，无为而治。

一

啮缺问于王倪①，四问而四不知②。啮缺因跃而大喜，行以告蒲衣子③。

蒲衣子曰："而乃今知之乎？有虞氏不及泰氏④。有虞氏，其犹藏仁以要人⑤；亦得人矣，而未始出于非人⑥。泰氏，其卧徐徐⑦，其觉于于⑧；一以己为马⑨，一以己为牛；其知情信⑩，其德甚真，而未始入于非人。"

注释

①啮缺、王倪：庄子寓言中的虚构人物。

②四问：事见《齐物论》。一问"知物之所同是乎？"二问"知子之所不知邪？"三问"物无知邪？"四问"知利害乎？"

③行以告：去告诉。蒲衣子：庄子寓言中的虚构人物。

④有虞氏：帝舜。泰氏：上古帝王。

⑤藏仁：怀有仁爱之心。要 yāo 人：笼络人心。要，要结。

⑥未始：未曾。非人：外物。

⑦徐徐：安闲，舒适。

⑧于于：自得的样子。

⑨一：或。

⑩知：通"智"。情：实。

译文

啮缺去请教王倪，问了四个问题，四个问题他都回答说不知道。啮缺高兴地跳起来，去告诉蒲衣子。

蒲衣子说："你现在知道了吗？有虞氏不如泰氏。有虞氏，还心怀仁义以笼络民心；虽然也获得了人心，却未曾超脱外物的牵绊。泰氏，他睡时安然舒适，醒后怡然自得；任人把自己称为牛，任人把自己称为马；他的智慧实在可信，他的品德非常纯真，从来没有受到外物的牵绊。"

二

肩吾见狂接舆①。狂接舆曰："日中始何以语女②？"

肩吾曰："告我君人者以己出经式义度③，人孰敢不听而化诸④！"

狂接舆曰："是欺德也⑤。其于治天下也，犹涉海凿河，而使蚊虻负山也⑥。夫圣人之治也，治外乎⑦？正而后行⑧，确乎能其事者而已矣。且鸟高飞以避矰弋之害⑨，鼷鼠深穴乎神丘之下⑩，以避熏凿之患⑪，而曾二虫之无如⑫！"

注释

①肩吾：庄子寓言中的虚构人物。狂接舆：楚国隐士陆通，字接舆。因佯狂避世，曾迎孔子车

而歌，劝其归隐，故称狂接舆。

②日中始：庄子寓言中的虚构人物。

③君人者：国君。经、式、义yí、度：皆为法度。义，读为“仪”，古字通。

④化：感化。诸：同“乎”，句末语助词。

⑤欺德：伪德，欺骗行为。

⑥负：背。

⑦治外：用经式义度绳之于外。

⑧正而后行：自正而后施行。

⑨矰弋zēngyì：古代捕鸟的器具，把箭系在丝绳上。捕鸟的网。弋，系有丝绳之箭。

⑩鼷xī鼠：小鼠。深穴：深挖洞穴。神丘：神坛。

⑪熏凿：烟熏和挖凿。

⑫无如：不如。

译文

肩吾拜见狂接舆。狂接舆问：“日中始对你说了些什么？”

肩吾说：“他告诉我君主自己制定法度，老百姓谁敢不听从而被感化呢！”

狂接舆说：“这是欺骗行为。这样治理天下，就如去大海里挖凿河道，让蚊子背走大山那样可笑。圣人治理天下，只用法度绳之于外吗？圣人要先自正性命，然后感化他人，使人人各尽所能就是了。况且鸟儿还知道高飞，以躲避罗网弓箭的伤害，鼷鼠还知道深藏在神坛底下，以躲避烟熏和挖掘的灾难，难道人还不如鸟和鼠这两种动物吗？”

三

天根游于殷阳[1]，至蓼水之上[2]，适遭无名人而问焉[3]，曰：“请问为天下[4]。”

无名人曰：“去！汝鄙人也，何问之不豫也[5]！予方将与造物者为人[6]，厌，则又乘夫莽眇之鸟[7]，以出六极之外，而游无何有之乡，以处圹埌之野[8]。汝又何帛以治天下感予之心为[9]？”

又复问。无名人曰：“汝游心于淡，合气于漠[10]，顺物自然而无容私焉，而天下治矣。”

注释

①天根：庄子寓言中的虚构人物。殷阳：庄子杜撰的地名。殷山之阳。

②蓼 liǎo 水：庄子杜撰的水名。上：河岸。

③无名人：庄子寓言中的虚构人物。

④为：治。

⑤豫：愉悦。

⑥为人：为友，结交为伴。

⑦莽眇之鸟：以清虚之气为鸟。

⑧圹埌 huànglàng 之野：旷荡无边之地。圹，通“旷”。

⑨帠 yì：疑是“为”字之误。

⑩漠：冲漠，清静无为。

译文

天根闲游于殷阳，走到蓼水之上，恰巧遇到无名人，便向他讨教，问：“请问治理天下的方法。”

无名人说：“走开！你这个鄙俗的人，为什么问我这么不愉快的问题！我正要同造物者结交为朋友，厌烦了就把清虚之气当成鸟儿，乘坐它飞出六极之外，遨游在无何有之乡，身处旷荡无边的田野上。你为什么拿治理天下这种问题扰乱我的心呢？”

天根再次询问。无名人说：“你静下心来，遨游于恬淡虚静之中，沉浸在寂寞无为之中，顺着万物的自然之性，心无偏私，那么天下便治理好了。”

四

阳子居见老聃[①]，曰：“有人于此，向疾强梁[②]，物彻疏明[③]，学道不倦。如是者，可比明王乎？”

老聃曰：“是于圣人也，胥易技系[④]，劳形怵心者也。且也虎豹之文来田[⑤]，猿狙之便来藉[⑥]。如是者，可比明王乎？”

阳子居蹴然曰[⑦]：“敢问明王之治。”

老聃曰：“明王之治：功盖天下而似不自己，化贷万物而民弗恃[⑧]；有莫举名，使物自喜；立乎不测，而游于无有者也。”

注释

①阳子居：庄子寓言中的虚构人物。

②向疾：响声迅疾，比喻做事敏捷。向，通“响”。强梁：办事敏捷果敢。

③物彻：观察透彻。疏明：疏通明敏。

④胥：有才智。易：治事。技系：为技艺所系累。

⑤来：招来。田：田猎。

⑥猿狙：猕猴。藉：用绳索拴住。

⑦蹴然：惭愧的样子。

⑧贷：施。弗恃：不感到有依靠。

译文

阳子居拜见老聃，问：“现在有个人，办事敏捷果敢，观察事物洞彻明白、疏通明达；学道精勤，从无懈怠。像他这样，能够与圣明的君主相比吗？”

老聃说：“在圣人眼里，经常治事的小吏会为技艺所累，劳累自己的形体，扰乱自己的心神。而且虎豹因为皮毛有花纹所以招来田猎之祸，猿猴因为敏捷所以被人捉来拴住。像这样的人，能与圣明的君主相比吗？”

阳子居惭愧地说：“请问圣明的君主治理天下的方法。”

老聃说：“圣明的君主治理天下：功绩盖世却好

像和自己不相干，恩泽施于万物而百姓却不觉得有所依靠；他虽有功德却不说出来，让万物都怡然自得；他站在不可测识的境地，逍遥在空虚无有的大化中。”

五

郑有神巫曰季咸[①]，知人之死生存亡，祸福寿夭，期以岁月旬日[②]，若神。郑人见之，皆弃而走。列子见之而心醉[③]。归，以告壶子[④]，曰：“始吾以夫子之道为至矣，则又有至焉者矣。”

壶子曰；“吾与汝既其文[⑤]，未既其实，而固得道与[⑥]？众雌而无雄，而又奚卵焉[⑦]！而以道与世亢[⑧]，必信，夫故使人得而相汝[⑨]。尝试与来，以予示之。”

注释

①神巫：精于巫术和相术的人。

②期：预言。

③列子：列御寇，郑国人。

④壶子：郑国人，名林，号壶子，列子的老师。

⑤既：尽。文：外表。

⑥而：你。固：岂，难道。

⑦奚：如何，怎么。

⑧亢：通“抗。”

⑨相：观察形貌，占测吉凶。

译文

郑国有个神巫叫季咸，能知人之死生、存亡、祸福、寿夭，预言某年、某月、某旬、某日的吉凶，像神仙那样灵验。郑国人见到他都远远离开，列子见了他却为之心醉。列子回去以后告诉壶子说："起初我以为先生的道是最高深的，原来还有更高深的呢。"

壶子说："我教你的尽是道之名相，并未讲到道之实体，你难道以为得道了吗？如果全是雌鸟，没有雄鸟，又怎么能产卵呢！你用道之名相与世人相对抗，以求别人的信任，所以使得别人有机会窥探到你的心思。你试试把他请来，让他给我相面。"

明日，列子与之见壶子。出而谓列子曰："嘻[①]！子之先生死矣！弗活矣！不以旬数矣[②]！吾见怪焉，见湿灰焉[③]。"

列子入，泣涕沾襟以告壶子。壶子曰："乡吾示之以地文[④]，萌乎不震不止[⑤]，是殆见吾杜德机也[⑥]。尝又与来。"

注释

①嘻：惊叹词。

②旬：十天。

③湿灰：面色湿灰，毫无生气。

④乡：通"向"，刚才，之前。地文：大地寂然，

喻心境寂静。文，象。

⑤萌乎：茫然昏昧的样子。萌，通“芒”，茫然。不震不止：不动不止。

⑥杜德机：堵塞生机。杜，堵塞。德机，生机。

译文

第二天，列子陪季咸来看壶子。季咸走出壶子的居室对列子说：“哎呀！你的先生要死了！不能活了！不到十日即死！我看他形色怪异，面如湿灰，毫无生气。”

列子进去，哭得衣服都湿了，把季咸的话告诉壶子。壶子说：“刚才我把寂静的心境显示给他看，一片沉寂，不动不止，他大概是见到我闭塞生机了。再请他来看看。”

明日，又与之见壶子。出而谓列子曰：“幸矣，子之先生遇我也！有瘳矣[①]，全然有生矣！吾见其杜权矣[②]。”

列子入，以告壶子。壶子曰：“乡吾示之以天壤[③]，名实不入，而机发于踵[④]。是殆见吾善者机也[⑤]。尝又与来。”

注释

①瘳 chōu：病愈。

②杜权：闭塞中显出活力。权，变动，即生机。

③天壤：天地间的勃勃生气。壤，地。

④踵：脚跟。

⑤善者机：生机。

译文

第二天，列子又陪季咸来看壶子。季咸走出壶子的居室对列子说："你的先生幸亏遇上了我！有救了！全然有生气了，我看见他闭塞的生机开始活动了。"

列子进去，把季咸的话告诉壶子。壶子说："刚才我把天地间的生气显示给他看，名实不入于心，一线生机自脚跟而升，他大概是见到我这一线生机了。再请他来看看。"

明日，又与之见壶子。出而谓列子曰："子之先生不齐①，吾无得而相焉。试齐，且复相之②。"

列子入，以告壶子。壶子曰："乡吾示之以太冲莫胜③，是殆见吾衡气机也④。鲵桓之审为渊⑤，止水之审为渊，流水之审为渊。渊有九名⑥，此处三焉。尝又与来。"

注释

①不齐：神色恍惚，变化不定。

②复：再，又。

③太冲莫胜：与地文、天壤，皆为观相术语，喻太虚而无朕兆之象。

④衡气机：生机平和的征兆。衡，平。气机，生机。

⑤鲵 ní：鲸鱼。桓：盘旋。审 shěn：假借为“沈”，深水。

⑥渊有九名：有九渊之名，见于《列子·黄帝篇》。有鲵旋之潘为渊，止水之潘为渊，流水之潘为渊，滥水之潘为渊，沃水之潘为渊，氿水之潘为渊，雍水之潘为渊，汧水之潘为渊，肥水之潘为渊。

译文

第二天，列子又陪季咸来看壶子。季咸走出壶子的居室对列子说：“你的先生神色恍惚不定。我没法给他相面。等他心神安宁的时候，我再来看吧。”

列子进去，把季咸的话告诉壶子。壶子说：“刚才我把没有征兆的太虚之气显示给他看，他大概是见到我生机平和不露端倪。鲸鱼盘旋的深水能成渊，止水之深处也能成渊，流水之深处亦成渊。渊有九种，他只看到三种。再请他来看看。”

明日，又与之见壶子。立未定，自失而走。壶子曰：“追之！”列子追之不及。反，以报壶子曰：“已灭矣，已失矣，吾弗及已。”

壶子曰："乡吾示之以未始出吾宗[①]。吾与之虚而委蛇[②]，不知其谁何，因以为弟靡[③]，因以为波流[④]，故逃也。"

然后列子自以为未始学而归，三年不出。为其妻爨[⑤]，食豕如食人[⑥]。于事无与亲[⑦]，雕琢复朴，块然独以其形立[⑧]。纷而封哉[⑨]，一以是终[⑩]。

注释

①未始出吾宗：未曾出示我的大道真相。宗，道之根宗。

②虚而委蛇 yí：随顺应变的样子。虚，无所执着。

③弟靡：像茅草随风而伏。弟，即稊，茅草类。

④波流：形容随顺应变之状。

⑤爨 cuàn：烧火做饭。

⑥食 sì 豕：喂猪。

⑦亲：偏私。

⑧块然：如土块，形容去琢复朴之状。

⑨封：守。

⑩一：常如此。

译文

第二天，列子又陪季咸来看壶子。季咸还没站稳，便惊慌失措地逃走。壶子说："追上他！"列子没有追上。回去告诉壶子说："已经没影了，不知去向了，我没有追上他。"

壶子说："刚才我把万象俱灭之境显示给他看，未曾出示我的大道真相。我和他随顺应变，他捉摸不定，像茅草随风而伏，像流水随波逐流，所以逃走了。"

列子这才发现自己并不曾学到过什么东西，便返回家中，三年不出门。为他的妻子烧火做饭，喂猪就像侍候人一般。对于外物无所偏私，抛弃浮华，复归淳朴，一副淡然无为的样子。人间纷纷扰扰，他持守着自己的本性，终身如此。

六

无为名尸[①]，无为谋府[②]；无为事任[③]，无为知主[④]。体尽无穷，而游无朕[⑤]；尽其所受乎天，而无见得，亦虚而已！至人之用心若镜，不将不迎，应而不藏，故能胜物而不伤。

南海之帝为倏，北海之帝为忽[⑥]，中央之帝为浑沌。倏与忽时相与遇于浑沌之地，浑沌待之甚善。倏与忽谋报浑沌之德，曰："人皆有七窍[⑦]以视听食息，此独无有，尝试凿之。"日凿一窍，七日而浑沌死。

注释

①尸：主。

②谋府：筹划之所。

③事任：事务之责。

④知主：智慧的主宰。

⑤无朕：无迹象，无征兆。

⑥倏 shū、忽：虚构的帝王名。有神速之意，比喻有为。

⑦七窍：耳、目、口、鼻等七孔。

译文

不做名声的首领，不做谋议的府库，不做事物的挑担，不做智慧的主宰。体悟广大无边之道，游心于寂静无形的境域；穷尽自然的本性，而不自我评价，这是虚静空明的心境罢了！至人的用心有如明镜，任凭物的变化，不送不迎，顺应自然的本性而无所隐藏，所以能胜物而不被物所伤害。

南海的帝王叫倏，北海的帝王叫忽，中央的帝王叫浑沌。倏与忽经常在浑沌那里会面，浑沌待他们很好。倏与忽商量着要报答浑沌的盛情，说："人都有七窍，用来看、听、饮食、呼吸，唯独他没有。我们试着给他凿出来。"倏与忽每天给他凿一窍，到第七天，浑沌就死了。

外篇

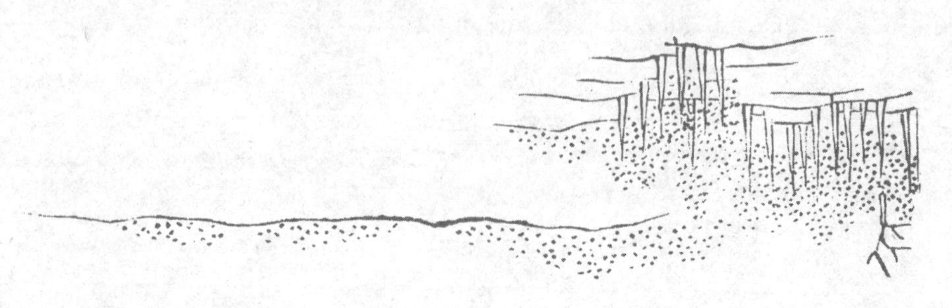

骈拇

题解

什么是美？每个人都有自己的看法，喋喋不休的争论甚至发展成为一门学科。庄子在很久以前就告诉我们，美是“自然”。五音、五色、五味……渐行渐远的追寻变成对新奇无休止的贪恋，迷失了最初的感动。庄子说，丢下你的伪饰，临水而照，看看真正的自己是多么美。

“骈拇”篇主要阐述人的行为应当符合自然本性，不应强加仁义等虚妄的东西于本性之上。第一部分通过骈拇和枝指说明矫饰仁义是滥用聪明，并非天下的正道。仁义之施，应合于性命之情，合于人心。第二部分列举三代以下矫饰仁义、残生损性的负面例子，进一步倡导“性命之情”，懂得“自见”“自得”“自适”。

一

骈拇枝指[①]，出乎性哉[②]！而侈于德[③]。附赘县疣[④]，出乎形哉！而侈于性。多方乎仁义而用之者[⑤]，列于五藏哉[⑥]！而非道德之正也[⑦]。是故骈于足者，连无用之肉也；枝于手者，树无用之指也；骈枝于五藏之情者，淫僻于仁义之行[8]，而多方于聪明之用也。

是故骈于明者[9]，乱五色[10]，淫文章[11]，青黄黼黻之煌煌非乎[12]？而离朱是已[13]。多于聪者，乱五声[14]，淫六律[15]，金石丝竹黄钟大吕之声非乎？而师旷是已[16]。枝于仁者，擢德塞性[17]，以收名声，使天下簧鼓以奉不及之法非乎[18]？而曾史是已[19]。骈于辩者，累瓦结绳窜句棰辞[20]，游心于坚白同异之间[21]，而敝跬誉无用之言非乎[22]？而杨墨是已[23]。故此皆多骈旁枝之道，非天下之至正也。

注释

①骈 pián 拇：脚的大拇指并生第二指。骈，并。拇，足大指。枝指：旁生的手指。枝，歧出。指，手的大拇指。

②性：天生，本性。

③侈：多余，剩余。德：通“得”，指人所固有。

④附赘 zhuì 县疣 yóu：附生人体的肉瘤。赘，长在皮肤上的肿瘤。县，通“悬”。疣，瘿瘤。

⑤多方：多端，多生枝节。

⑥五藏：指肝、心、脾、肺、肾。藏，通“脏”。

⑦正：本然，自然。

⑧淫：沉溺，过度。僻：邪。

⑨骈于明：眼睛过度明察。骈，聚集。

⑩乱：迷乱。五色：青、黄、赤、白、黑。

⑪淫文章：耽溺于文采。文章，青与赤为文，赤与白为章。

⑫黼黻：绣在礼服上的花纹。煌煌：光彩炫目。

⑬而：如，像。离朱：传说为黄帝时人，百步能察秋毫之末。

⑭五声：指宫、商、角、徵、羽五个音级。

⑮六律：指黄钟、太簇、姑洗 xiǎn、蕤宾、夷 yì 则、无射六种音调。

⑯师旷：晋平公的乐师，精于音律。

⑰擢 zhuó 德塞性：标举德行，闭塞本性。擢，拔。

⑱簧鼓：笙凰鼓动，意指喧嚷。

⑲曾：曾参，字子舆，孔子弟子。史：史鳅，即史鱼，卫灵公大臣。二人皆以孝著称。

⑳累瓦、结绳：皆为比喻，谓无用之语，滑稽之巧。窜句、棰辞：穿文凿句。

㉑游心：游荡心思。坚白、同异：名家的两个重要论题，详见《齐物论》篇注。

㉒敝：疲惫。跬誉：一时的名誉。

㉓杨：杨朱，字子居，宋国人。墨：墨翟，亦为宋国人。

译文

脚的大指并生出第二指，一只手歧出第六个手指，这些是天生的吗？但对于身体容貌来说却是多余的。附生在人身上的肉瘤，是来自形体吗？但对本性来说却是多余的。在本性之外多施仁义之心，教化百姓，这是并列于身体五脏的吗？这不是道德的本然。所以并生在脚上的，只是连了一块无用的肉；旁生在手上的，只是长了一个无用的手指；超出五脏的本然，矫饰仁义的溺邪行径，这是多端滥用了自己的聪明。

所以纵情于视觉的，只会迷乱五色，滥于文采，不就像那绣在礼服上的花纹光彩夺目吗？像离朱就是这样的人。纵情于听觉的，就会迷乱五声，混淆六律，不是就像金、石、丝、竹、黄钟、大吕的音调吗？像师旷就是这样的人。矫饰仁义的，就会标榜仁爱，闭塞本性，沽名钓誉，这不是让天下人都喧嚷着去奉守无法施行的礼法吗？像曾参和史鳅就是这样的人。好于驳辩的，语言工巧如累弹丸，纷乱无章如结绳索，穿文凿句，飘荡在“坚白”、“是非”的论辩上，不是疲惫心神、沽名钓誉而争执无用的言论吗？像杨朱、墨翟就是这样的人。所以世间太多旁门左道，这不是天下的正道。

彼至正者，不失其性命之情。故合者不为骈，而枝者不为歧；长者不为有余，短者不为不足。是故凫胫虽短[①]，续之则忧；鹤胫虽长，断之则悲。

故性长非所断，性短非所续，无所去忧也。意仁义其非人情乎[2]！彼仁人何其多忧也？

且夫骈于拇者，决之则泣[3]；枝于手者，龁之则啼[4]。二者，或有馀于数，或不足于数，其于忧一也。今世之仁人，蒿目而忧世之患[5]；不仁之人，决性命之情而饕贵富[6]。故曰仁义其非人情乎！自三代以下者[7]，天下何其嚣嚣也[8]？

注释

①凫 fú 胫：野鸭小腿。凫，野鸭。

②意：通“噫”，嗟叹之声。

③决：割裂。

④龁 hé：咬断。

⑤蒿目：耗尽目力，眼睛昏乱不明的样子。蒿，耗尽。

⑥决：溃裂。饕 tāo：贪财。

⑦三代：指夏、商、周。

⑧嚣嚣：喧闹不宁。

译文

那些持守本性的东西，不违背生命的真性。所以结合的东西不算是并生，分枝的东西不算是歧生；长的不是多余的，短的不是不足的。所以即使野鸭的小腿很短，但接长对它来说就是痛苦；即使野鹤的腿很长，但截短对它来说就是悲痛。所以天生长的不能截短，天生短的不能接长，这样就没有什么忧愁了。哎！仁义难道不合于人的本性吗？那些仁人怎么会有那么多的顾虑？

况且骈生的足趾，如果割裂它便会疼到哭泣；歧生的手指，如果咬断它便会疼到哭泣。这两样，或者多于原来的数目，或者少于原来的数目，但面对的忧愁却是一样的。现在这些仁人，耗尽目力，望天下而生忧患之心；不仁的人，混乱性命的本然而贪求富贵。所以说仁义难道不合于人的本性吗？可是从三代之下，世间为什么这样喧闹不宁呢？

二

且夫待钩绳规矩而正者①，是削其性者也；待纆索胶漆而固者②，是侵其德者也③；屈折礼乐④，呴俞仁义⑤，以慰天下之心者，此失其常然也。天下有常然。常然者，曲者不以钩，直者不以绳，圆者不以规，方者不以矩，附离不以胶漆⑥，约束不以纆索。故天下诱然皆生⑦，而不知其所以生，同焉皆得而不知其所以得。故古今不二，不可亏也。则仁义又奚连连如胶漆纆索而游乎道德之间为哉⑧，使天下惑也！

注释

①待：依靠。钩绳规矩：皆为匠工之具。钩，曲线板。绳，墨线。规，圆规。矩，曲尺。

②纆 mò：绳索。

③侵：伤害。德：德性。

④屈折礼乐：屈肢折体以行礼乐。

⑤呴 xǔ 俞：爱抚，和悦的样子。

⑥附离：黏合。离，通“丽”，依。

⑦诱然：油然，自然而然。

⑧奚：何。连连：相续。

译文

况且要等待钩、绳、规、矩去矫正的，是削弱了它的天性；要等待绳索胶漆去固定的，是伤害了它的本性；屈折自己的肢体去演习礼乐，和颜悦色地广施仁义，以此抚慰人心，这就是失去了人的自然本性。天下事物都有自己的自然本性，曲的不用钩，直的不用绳，圆的不用规，方的不用矩，黏合的不用胶漆，约束的不用绳索。所以天下事物能自然而然地生长，而不知道它是怎么生长的；同样地，天下万物各得其所，而不知道是怎样自得的。所以古今都是一样的道理，不能用强力去亏损。那么又何必绵绵不断地施行仁义，就像胶漆、绳索一样，施加在道德之中，让天下人都感到困惑呢？

夫小惑易方[①]，大惑易性。何以知其然邪？有虞氏招仁义以挠天下也[②]，天下莫不奔命于仁义，是非以仁义易其性与[3]？故尝试论之：自三代以下者，天下莫不以物易其性矣。小人则以身殉利，士则以身殉名，大夫则以身殉家，圣人则以身殉天下。故此数子者，事业不同，名声异号，其于伤性以身为殉，一也。臧与谷二人相与牧羊而俱亡其羊[4]。问臧奚事，则挟荚读书[5]；问谷奚事，则博塞以游[6]。二人者，事业不同，其于亡羊均也。伯夷死名于首阳之下[7]，盗跖死利于东陵之上[8]。二人者，所死不同，其于残生伤性均也。奚必伯夷之是而盗跖之非乎！天下尽殉也，彼其所殉仁义也，则俗谓之君子；其所殉货财也，则俗谓之小人。其殉一也，则有君子焉，有小人焉；若其残生损性，则盗跖亦伯夷已，又恶取君子小人于其间哉！

注释

①惑：迷。易方：迷失东西南北方向。易，改变。

②有虞氏：虞舜，姓姚，名重华。招：举。挠：扰乱。

③是：这，此。非：不是。

④臧：古时北方的风俗，娶婢女的男仆叫“臧”。谷：童仆。

⑤挟：持。荚：竹简。

⑥博塞：下棋之类的游戏。

⑦伯夷：殷朝孤竹国君之子，名允，字公信。孤竹君死后，伯夷与其弟叔齐相互谦让，都不愿

袭王位。周武王灭商以后，二人逃入首阳山，因耻食周粟，采薇而食，饿死于此山。首阳：即首阳山，在今山西省永济市南。

⑧盗跖 zhí：春秋时代的奴隶起义领袖，被诬称为大盗。

译文

小的迷惑能使人迷失方向，大的迷惑能使人改变本性。怎么知道是这样的呢？虞舜标榜仁义以此扰乱天下，天下没有不拼命投身于仁义的，这不是用仁义来迷惑天下人的纯真本性吗？所以，我试着谈一谈吧：自从三代以后，天下没有不受外物的诱惑而改变本性的！小人为利而牺牲自己，世人为名而牺牲自己，大夫为家而牺牲自己，圣人为天下而牺牲自己。这几种人，事业不同，名号不同，但在伤害本性、牺牲自己方面，却是一样的。男仆和童仆一起放羊，却把羊全丢了。问男仆在做什么，他说手持竹简在读书，问童仆在做什么，他说他在投棋子玩。这两个人，所做的事不同，却同样丢了羊。伯夷为了名死在首阳山下，盗跖为了利死在东陵山上，这两个人，死亡的原因不同，但在残害生命、伤害本性方面是一样的。何必一定认为伯夷是对的，而盗跖是错的呢？世间的人都在牺牲天性，有的人为仁义而牺牲，世人就称之为君子；有的人为财物而牺牲，世人就称之为小人。他们都是牺牲，而有的是君子，有的是小人，如果就残害生命、伤害本性来看，盗跖和伯夷也是一样的，又何必要区分君子和小人呢？

且夫属其性乎仁义者①，虽通如曾史，非吾所谓臧也②；属其性于五味，虽通如俞儿③，非吾所谓甘也；属其性乎五声，虽通如师旷，非吾所谓聪也；属其性乎五色，虽通如离朱，非吾所谓明也。吾所谓臧者，非仁义之谓也，臧于其德而已矣；吾所谓臧者，非所谓仁义之谓也，任其性命之情而已矣；吾所谓聪者，非谓其闻彼也，自闻而已矣；吾所谓明者，非谓其见彼也，自见而已矣。夫不自见而见彼，不自得而得彼者，是得人之得而不自得其得者也，适人之适而不自适其适者也④。夫适人之适而不自适其适，虽盗跖与伯夷，是同为淫僻也。余愧乎道德，是以上不敢为仁义之操，而下不敢为淫僻之行也。

注释

①属：系。以此系彼为属。

②臧 zāng：善，好。

③俞儿：古代善识味者。

④适：安适，安逸。

译文

把仁义当作自己的本性，虽然像曾参和史鱼那样通达，但并非我所认为的善；把五味当作自己的本性，虽然像俞儿那样擅长品味，也不是我所认为的好；把五声当作自己的本性，虽然像师旷那样精通，也不是我所认为的聪敏；把五色当作自己的本性，虽然像离朱那样通达，也不是我所认为的明达。我所认为的善，并不是仁义这个称谓，而是自然德性罢了；我所认为的好，并不是仁义这个称谓，而在于保其本性罢了；我所认为的聪敏，并不是听从别人，而是自听心声罢了；我所认为的明达，并不是看清别人，而是内视自己罢了。要是只看清别人而看不清自己，只羡慕别人而不欣赏自己，这是得到别人想要的东西而不是得到自己想要的东西，适于别人的安适而不追求自己的安适。若是适于别人的安适而不追求自己安适的人，无论盗跖还是伯夷，所做都是乱邪的行径。我愧对道德，所以上不敢为仁义的节操，下不敢做出乱邪的行为。

马蹄

题解

人皆知千里马的故事，并自觉接受驯马这一行为的理所当然。当驯养以智巧的方式进行，故事就被改写了。一不小心，你自作聪明的“治”就成了过犹不及的“乱”。

“马蹄”篇以马喻人，以马之本性丧失比喻人的天性毁坏，谴责圣人矫行仁义礼乐对世人自然本性的残害，倡导“无为”的生活方式。本篇分为两个部分，第一部分借治马、治埴、治木说明“治”之过，从而引申出治天下之理。通过构想初民时期百姓安居乐业，与禽兽同居，与万物为伍的状况，说明圣人以仁义礼乐来治理天下，是残害百姓的天性。第二部分进一步阐述马有了智巧而与人抗敌是伯乐“治”之过，人有了智巧而争名夺利是圣人“治”之过。

一

马，蹄可以践霜雪，毛可以御风寒，龁草饮水[①]，翘足而陆[②]，此马之真性也。虽有义台路寝[③]，无所用之。及至伯乐[4]，曰：“我善治马。”烧之，剔之[5]，刻之[6]，雒之[7]，连之以羁馽[8]，编之以皂栈[9]，马之死者十二三矣；饥之，渴之，驰之，骤之，整之，齐之，前有橛饰之患[10]，而后有鞭筴之威，而马之死者已过半矣。

陶者曰[11]：“我善治埴[12]，圆者中规，方者中矩。”匠人曰：“我善治木，曲者中钩，直者应绳。”夫埴木之性，岂欲中规矩钩绳哉？然且世世称之曰：“伯乐善治马，而陶匠善治埴木。”此亦治天下者之过也。

注释

①龁 hé：咬，啃。

②翘：举起。陆：或作“踛”，跳。

③义台：高台。义，借为“巍”，高。路寝：大殿。路，大。

④伯乐：姓孙，名阳，字伯乐，秦穆公时善识马者。

⑤剔之：剪剔马毛。

⑥刻之：削马蹄甲。

⑦雒 luò：印烙。

⑧羁：马笼头。馽 zhí：同“絷”，拴马足用的绳索。

⑨编：用绳编排。皂 zào：槽枥。栈：马棚。

⑩橛 jué：马衔，马嚼子。饰：加饰于马镳，镳缨。

⑪陶者：烧窑工人。

⑫埴：黏土。

译文

马蹄可以践踏霜雪，皮毛可以抵御风寒。啃草喝水，翘蹄跳跃，这是马的天性。即便有高台大殿，对马来说也是没有什么用的。后来伯乐出现，说："我善于管理马。"于是烫烧马毛，剪剔马鬃，削齐蹄甲，烙上印记。用笼头和绳索把它拴起来，用马槽和马棚把马依次分开，于是马死去十分之二三；然后让它们挨饿、受辱、驱驰、奔跑、训练、矫饰，前有口衔镳缨的痛苦，后有皮鞭竹荚的威胁，这样马就已经死了过半。

烧窑工匠说："我善于捏制黏土，使圆的合于规，使方的合于矩。"木匠说："我善于削木，使弯的合于钩，使直的合于绳。"陶土和木头的本性，难道要合于圆规、曲尺、曲线板和墨线吗？可是世世代代的人们都称赞他们说："伯乐善于管理马，而陶工木匠善于制作陶器木器。"这也是治理天下的人的罪过啊！

吾意善治天下者不然。彼民有常性，织而衣，耕而食，是谓同德；一而不党[①]，命曰天放[②]。故至德之世，其行填填[③]，其视颠颠[④]。当是时也，山无蹊隧[⑤]，泽无舟梁[⑥]；万物群生，连属其乡[7]；禽兽成群，草木遂长。是故禽兽可系羁而游[8]，乌鹊之巢可攀援而窥[9]。

夫至德之世，同与禽兽居，族与万物并[10]，恶乎知君子小人哉！同乎无知，其德不离；同乎无欲，是谓素朴；素朴而民性得矣。及至圣人，蹩躠为仁[11]，踶跂为义[12]，而天下始疑矣；澶漫为乐[13]，摘僻为礼[14]，而天下始分矣。故纯朴不残[15]，孰为牺樽[16]！白玉不毁，孰为珪璋[17]！道德不废，安取仁义！性情不离，安用礼乐！五色不乱，孰为文采！五声不乱，孰应六律！夫残朴以为器，工匠之罪也；毁道德以为仁义，圣人之过也。

注释

①一：浑然一体。党：偏，私。

②天放：形容自然放任之乐。天，自然。放，放任。

③填填：迟重、稳重的样子。

④颠颠：专一直视的样子。

⑤蹊：小径。隧：穴道。

⑥泽：河泽。梁：桥。

⑦连属：彼此相连。乡：居所。

⑧是故：因此。系羁：用绳牵着。

⑨窥 kuī：窥望。

⑩族：聚。并：合。

⑪蹩躠 biéxuè：勉强用力的样子。

⑫踶跂 zhìqǐ：勉力行之的样子。

⑬澶dàn漫：纵逸。

⑭摘僻：烦琐。

⑮纯朴：全木，原木。

⑯牺樽：刻有牛头形状花纹的酒器。

⑰珪璋guīzhāng：玉器。形状上尖下方者称珪，半珪形状称璋。

译文

我认为治理天下不是这样的。百姓有真常之性，织布以能穿衣，耕种以有饭食，这就叫共同的德性。天性纯一，无所偏私，这就叫放任自然。所以盛德的时代，人们行为稳重，眼神专注。这个时候，山中没有小路和穴道，水上没有船只和桥梁；万物丛生，比邻而居；禽兽成群，草木茂盛。所以可以用绳牵着禽兽游玩，可以攀缘而上去窥探鸟鹊的巢穴。

盛德的时代，人们与禽兽同居，和万物同聚，哪里知道什么君子、小人呢！大家都不用智巧，天然的德性不会丢失；大家都没有贪欲，这就是纯真朴素；保持纯真朴素，人们的本性就保持了。等到圣人出现，疲奔于仁，疲奔于义，天下开始迷惑了。纵逸求乐，烦琐习礼，天下开始分散了。所以完整的树木不被毁坏，怎么会有雕饰华美的酒器！洁白的玉石不被毁裂，怎么会有精致的珪璋！道德不被废弛，哪里会有仁义！真性不被剥离，哪里会有礼乐！五色不被紊乱，哪里会有文采！五声不被错乱，哪里会合六律！伤残原木来做器具，这是工匠的罪过；毁乱道德来求仁义，这是圣人的过错。

二

夫马，陆居则食草饮水，喜则交颈相靡①，怒则分背相踶②。马知已此矣。夫加之以衡扼③，齐之以月题④，而马知介倪、闉扼、鸷曼、诡衔、窃辔⑤。故马之知而态至盗者⑥，伯乐之罪也。

夫赫胥氏之时⑦，民居不知所为，行不知所之，含哺而熙⑧，鼓腹而游，民能以此矣。及至圣人，屈折礼乐以匡天下之形⑨，县跂仁义以慰天下之心⑩，而民乃始踶跂好知，争归于利，不可止也。此亦圣人之过也。

注释

①靡：通“摩”，亲顺。

②分背：转身分背。相踶：用后脚互相踢斗。踶dì，通“踢”，抬脚踢斗。

③衡：马车辕前之横木。扼：通“轭”，叉马颈的木条。

④齐：装饰。月题：马额上的装饰物，多由金属做成，如月形，故谓“月题”。题，额。

⑤介倪：怒视。闉yīn扼：曲颈抗扼。闉，曲。鸷zhì曼：抗击车棚。鸷，抵。诡衔：吐出口勒。窃辔：咬断辔头。

⑥知：通“智”。盗：与人抗敌。

⑦赫胥氏：虚构的上古帝王。

⑧含哺：嘴里含着食物。熙：通“嬉”，游戏。

⑨屈折：矫揉造作。匡：匡正。

⑩县跂qǐ：如悬物而使人企及之。跂，通“企”，企望。

译文

马生活在陆地上，啃草饮水，高兴时就伸着脖子亲密摩挲，发怒时就转身用后脚互相踢斗。马所知道的仅此而已！等到把衡轭架在马脖子上，把配饰装饰在马头上，马就懂得了怒目对人，曲颈抗扼，抗击车棚，吐出口勒，咬断辔头。所以马的机智使它变成一副与人对抗敌的样子，这是伯乐的罪过。

在上古赫胥氏时代，老百姓安居乐业无所为，悠游而无所往，嘴里含着食物而嬉戏，鼓着吃饱的肚子而游玩。人们的本性就是这样。等到圣人出现，矫饰礼乐来匡正天下人的形态，标榜仁义来抚慰天下民心，而百姓才开始疲奔于智巧，争名夺利，而不可遏止。这是圣人的过错。

胠箧

题解

有句老话叫“聪明反被聪明误”。比拼聪明，反而是为彼此设下层层束缚。你的圈套,未尝不是圈住了自己。谁是真正的小偷？盗走的是你的箱还是你的心？

“胠箧”篇主要批判崇尚智巧所带来的种种混乱。以防盗起兴，防盗反被盗贼利用，以此说明圣知之法本欲达天下太平、收拢民心，却反被大盗利用，以此来祸乱天下。这里提倡“绝圣弃智”之法，恢复古时无为而治的太平盛世。

本篇分为两部分，第一部分描绘防盗与盗窃的两种情况，并以盗物与盗国相对比，说明“窃钩者诛，窃国者为诸侯”，“攘弃仁义而天下之德始玄同矣”。第二部分通过描绘三代无为而治的太平景象，说明天下混乱“罪在于好知”。

一

将为胠箧探囊发匮之盗而为守备[①]，则必摄缄縢固扃𫔎[2]，此世俗之所谓知也。然而巨盗至，则负匮揭箧担囊而趋[3]，唯恐缄縢扃𫔎之不固也。然则乡之所谓知者[4]，不乃为大盗积者也[5]？

注释

①胠箧 qūqiè：撬开箱子。胠，从旁开。探囊：伸手掏摸口袋。发匮：开柜。匮，通“柜”。

②摄：结，扎紧。缄 jiān、縢 téng：皆为绳索。扃𫔎 jiōngjué：关钮和锁钥。

③负：背。揭：举。趋：逃走。

④乡：通“向”，前面。

⑤不乃：不正是。积：储备。

译文

为了防备撬箱子、掏布袋、开柜子的小贼，就一定要扎紧绳索、关紧锁钥，这就是世俗所说的聪明。可是当大盗来临，背着柜子、举起箱子、挑起包裹就逃走了，还唯恐绳索和锁钥不够牢固。那么之前所谓的聪明，不正是替大盗储备的吗？

故尝试论之。世俗之所谓知者，有不为大盗积者乎？所谓圣者，有不为大盗守者乎？何以知其然邪？

昔者齐国邻邑相望，鸡狗之音相闻，罔罟之

所布[1]，耒耨之所刺[2]，方二千余里。阖四竟之内[3]，所以立宗庙社稷[4]、治邑屋州闾乡曲者[5]，曷尝不法圣人哉[6]！然而田成子一旦杀齐君而盗其国[7]。所盗者岂独其国邪？并与其圣知之法而盗之。故田成子有乎盗贼之名，而身处尧舜之安，小国不敢非，大国不敢诛，专有齐国[8]。则是不乃窃齐国并与其圣知之法以守其盗贼之身乎？

注释

①罔 wǎng：通“网”，渔网。罟 gǔ：网的总称。

②耒 lěi：犁，古代锄草器具。耨 nòu：锄头。刺：耕耘。

③阖 hé：合。四竟：四境。

④宗庙：祭祀祖先的地方。社稷：祭祀土地神和谷神的地方。

⑤邑屋州闾乡曲：皆为古代大小不同的地方行政区域。成玄英引《司马法》曰：“六尺为步，步百为亩，亩百为夫，夫三为屋，屋三为井，井四为邑。”又云：“五家为比，五比为闾，五闾为族，五族为党，五党为州，五州为乡。”郑玄曰：“二十五家为闾，二千五百家为州，万二千五百家为乡也。”曲，借为“丘”。《司马法》：“四井为丘。”《周礼·小司徒》同上。

⑥曷尝：何曾。法：效法。

⑦田成子：齐国大夫陈恒。鲁哀公十四年，杀齐

简公，割安平至琅琊地区，自为封邑。

⑧专：专享，擅据。他本作“十二世有齐国”或“世世有齐国”。齐君被杀之日，田成子便“专有齐国”，不必等待十二世之久。今据严灵峰之说改为“专有齐国”。

译文

那么，就尝试谈一谈吧。世俗中所谓的聪明，有不替大盗储备的人吗？所谓的圣人，有不替大盗守备的人吗？怎么知道是这样的呢？

以前的齐国，村村相连，邻里相望，鸡鸣狗吠之声互相都能听得见，渔网所撒之处，犁锄所耕之处，方圆两千多里；囊括四境之内，所建立的祭祖祭神之地、所设置的大小行政区域，何尝不是效法圣人呢！可是田成子一旦杀害齐君，盗走了齐国。所盗取的岂止是一个国家？连同齐国圣智的法度礼仪也一并盗取了。所以田成子虽有盗贼的名声，却如同身处于尧舜时代一样的安稳；小国不敢非议，大国不敢讨伐，于是田成子专据齐国。这岂不是不仅盗走齐国，连同齐国圣智的法度礼仪也一并盗取，并以此来保全他盗贼之身吗？

尝试论之。世俗之所谓至知者，有不为大盗积者乎？所谓至圣者，有不为大盗守者乎？何以知其然邪？

昔者龙逢斩[①]，比干剖[②]，苌弘胣[③]，子胥靡[④]，故四子之贤而身不免乎戮。故跖之徒问于跖曰：“盗亦有道乎？”跖曰：“何适而无有道邪[⑤]！夫妄意室中之藏[⑥]，圣也；入先，勇也；出后，义也；知可否，知也；分均，仁也。五者不备而能成大盗者，天下未之有也。”由是观之，善人不得圣人之道不立，跖不得圣人之道不行；天下之善人少而不善人多，则圣人之利天下也少而害天下也多。故曰，唇竭则齿寒[⑦]，鲁酒薄而邯郸围[⑧]，圣人生而大盗起。掊击圣人[⑨]，纵舍盗贼[⑩]，而天下始治矣。夫谷虚而川竭，丘夷而渊实。圣人已死，则大盗不起，天下平而无故矣！

注释

①龙逢：姓关，夏桀时代的贤臣，因直言劝谏而被夏桀杀害。

②比干：商纣王的庶出叔叔，因力谏而被纣王杀害。

③苌弘：周灵王贤臣，因遭谗被杀害。胣 tuō：读作“拖”，即“拕”，车裂之刑。一说刳肠之刑。

④子胥：伍子胥，春秋时楚大夫伍奢次子。因力谏灭越，吴王夫差不从，赐剑令子胥自刎。子胥尸沉江中，以致糜烂。靡：通“糜”，糜烂。

⑤何适：何往，何处。

⑥妄意：猜测。

⑦唇竭则齿寒：即唇亡齿寒。

⑧“鲁酒”句：其说有二。一则据许慎注《淮南子》：“楚会诸侯，鲁、赵俱献酒于楚王，鲁酒薄而赵酒厚。楚之主酒吏求酒于赵，赵不与，吏怒，乃以赵厚酒易鲁薄酒，奏之。楚王以赵酒薄，故围邯郸也。”二则据成玄英疏：“楚宣王朝会诸侯，鲁恭公后至而酒薄。宣王怒，欲辱之。恭公不受命，乃曰：‘我，周公之胤，长于诸侯，行天子礼乐，勋在周室；我送酒已失礼，方责其薄，无乃太甚。’遂不辞而还。宣王怒，发兵与齐攻鲁。梁惠王常欲击赵，而畏楚救，楚以鲁为事，故梁得围邯郸。”

⑨掊击：打倒。

⑩纵舍：放走。

译文

那么，就尝试谈一谈吧。世俗中所谓的聪明，有不替大盗储备的人吗？所谓的圣人，有不替大盗守备的人吗？怎么知道是这样的呢？

以前龙逢被斩首，比干被剖心，苌弘遭车裂，子胥尸身糜烂，这四个人如此贤能，还不能免于杀戮。因此盗跖的门徒问他：“盗也讲究道吗？”盗跖说：“哪里没有道呢！能猜测屋里财物的所藏之处，便是圣明；先进去，便是勇敢；后出来，便是义气；判断是否下手，便是明智；分赃平均，便是仁爱。这五点不具备而能成为大盗的，天下还没有这样的人。”从这点来看，善人不懂得圣人之道就不能立身，盗贼不懂得圣人之道就不能横行；天下的善人少，而不善的人多，那么有利于天下的圣人也少，而有害于天下的圣人也多。所以说，唇亡齿寒，鲁国的酒味淡，赵国的邯郸便遭围攻，圣人出现了，盗贼就兴起了。打击圣人，放任盗贼，天下才能太平。溪谷空虚，河川便枯竭，山丘夷平，深渊便填满。圣人死了，大盗就不会兴起，那么天下就太平无事了。

圣人不死，大盗不止。虽重圣人而治天下，则是重利盗跖也①。为之斗斛以量之②，则并与斗斛而窃之；为之权衡以称之③，则并与权衡而窃之；为之符玺以信之④，则并与符玺而窃之；为之仁义以矫之，则并与仁义而窃之。

何以知其然邪？彼窃钩者诛⑤，窃国者为诸侯，诸侯之门而仁义存焉，则是非窃仁义圣知邪？故逐于大盗，揭诸侯，窃仁义并斗斛权衡符玺之利者，虽有轩冕之赏弗能劝⑥，斧钺之威弗能禁⑦。此重利盗跖而使不可禁者，是乃圣人之过也⑧。

注释

①重利：增益其利。

②斛 hú：量器，五斗为一斛。

③权衡：秤。权，秤锤。衡，秤杆。

④符玺 xǐ：印章。符，符契。用铜、玉、竹、木等制成，双方各执一半，合之可验真伪。玺，玉印。秦朝以后专指皇帝的印。

⑤彼：代词，那些。钩：腰带环。

⑥轩冕 miǎn：高官厚禄。轩，大夫以上官员乘坐的马车。冕，大夫以上官员所戴的礼帽。

⑦斧钺 yuè：古代杀人的两种刑具，小称斧，大称钺。

⑧是乃：都是。乃，助词。

译文

圣人不死，大盗就不会停止。虽然是借圣人来治理天下，却是大大增加了盗贼的利益。制造斗斛来量东西，盗贼就连斗斛一起偷走；制造杆秤来称东西，盗贼就连杆秤一起偷走；制造印章来作为凭信，盗贼就连印章一起偷走；倡导仁爱来矫正过错，盗贼就连仁爱一起偷走。

怎么知道是这样呢？那些偷窃带钩的人遭到诛杀，那些偷窃国家的人却成为诸侯，诸侯的门下，仁义犹存，那么这不是窃取仁义和圣智吗？所以那些追随大盗，拥护诸侯，盗窃仁义连同斗斛、杆秤、印章利益的人，即便有高官厚禄的赏赐也不能劝阻他们，即便用刑戮来威胁也不能禁止他们。这些大大有利于盗跖而无法禁止的状况，都是圣人的过错。

故曰："鱼不可脱于渊，国之利器不可以示人[①]。"彼圣人者，天下之利器也，非所以明天下也。故绝圣弃知，大盗乃止；擿玉毁珠[②]，小盗不起；焚符破玺，而民朴鄙；掊斗折衡，而民不争；殚残天下之圣法[③]，而民始可与论议。擢乱六律[④]，铄绝竽瑟[⑤]，塞师旷之耳，而天下始人含其聪矣；灭文章，散五采，胶离朱之目，而天下始人含其明矣；毁绝钩绳而弃规矩，攦工倕之指[⑥]，而天下始人含其巧矣。削曾史之行，钳杨墨之口，攘弃仁义而天下之德始玄同矣[⑦]。

彼人含其明，则天下不铄矣[⑧]；人含其聪，则天下不累矣；人含其知，则天下不惑矣；人含其德，则天下不僻矣[⑨]。彼曾、史、杨、墨、师旷、工倕、离朱，皆外立其德而以爚乱天下者也[⑩]，法之所无用也。

注释

①国之利器：权势禁令，仁义圣智等。

②擿 zhì：与"掷"同义，投弃。

③殚 dān 残：尽毁。

④擢 zhuó 乱：搅乱。

⑤铄 shuò 绝：烧断，焚毁。竽瑟：泛指乐器。竽，

古代簧管乐器，形似笙。瑟，拨弦乐器，多为二十五弦。

⑥攦 lì：折断。工倕：传说尧时的工匠，善巧艺。

⑦攘弃：排除。玄同：混同为一。《老子》曰："塞其兑，闭其门，挫其锐，解其分，和其光，同其尘，是谓玄同。"庄子此句，疑出于此。

⑧不铄：不炫耀。

⑨僻：邪恶。

⑩爚 yuè：火烧而混乱的样子。

译文

所以说："鱼不能离开深渊，国家的利器不能随便显示给人看。"那些圣人，就是天下的利器，不可以明示给天下。因此要抛弃圣明智巧，大盗才能停止；毁弃珠宝玉器，小盗贼就不能兴风作浪；焚烧印章，百姓就会归于淳朴；击破升斗杆秤，百姓就会不再争夺；尽毁天下的圣智法度，百姓才可以参与政论。搅乱六律，销毁乐器，塞住师旷的耳朵，天下人才能保全耳力的通彻；消灭文采，分散五色，黏住离朱的眼睛，天下人才能保全眼睛的明亮；毁坏钩绳，丢弃规矩，折断工倕的手指，天下人才能保全工艺技巧。杜绝曾参、史鱼的行为，钳住杨朱、墨翟的嘴巴，丢弃仁义，天下人的德性才能达到玄妙混同的境界。

人们都保全眼睛的明亮，天下就不会有炫耀了；

人们都保全耳力的通彻，天下就不会有忧患了；人们都保全智巧，天下就不会有迷惑了；人们都保全了德性的本然，天下就不会有邪恶了。像曾参、史鱼、杨朱、墨翟、师旷、工倕、离朱这些人，都是向外炫耀才能，而扰乱天下，这是正法所不取的。

二

子独不知至德之世乎？昔者容成氏、大庭氏、伯皇氏、中央氏、栗陆氏、骊畜氏、轩辕氏、赫胥氏、尊庐氏、祝融氏、伏牺氏、神农氏①，当是时也，民结绳而用之②，甘其食，美其服，乐其俗，安其居③，邻国相望，鸡狗之音相闻，民至老死而不相往来。若此之时，则至治已。今遂至使民延颈举踵曰，“某所有贤者”，赢粮而趣之④，则内弃其亲而外去其主之事，足迹接乎诸侯之境⑤，车轨结乎千里之外⑥。则是上好知之过也。

注释

①“昔者”句：句中所提十二人，皆为传说中的古代帝王，但多不见经传。

②结绳：用绳打结的办法记事。

③甘、美、乐、安：四字皆为形容词作动词。

④赢：裹。趣：通“趋”，疾行。

⑤接乎：交接于。乎，于。

⑥车轨：车辙，代指车子。结乎：往来交错于。

译文

你难道不知道那盛德的时代吗？从前，在容成氏、大庭氏、伯皇氏、中央氏、栗陆氏、骊畜氏、轩辕氏、赫胥氏、尊庐氏、祝融氏、伏牺氏、神农氏那上古时代，百姓结绳记事。他们觉得食物美味、衣服美丽、习俗欢乐、居所安适，邻国之间相互看得见，鸡鸣狗吠可以相互听得见，大家直到老死，也不相互往来。像这样的时代，已经算是太平之世了。现在，竟然到了让百姓伸着脖子，踮起脚跟盼望说："某个地方有贤人。"于是担着粮食急忙跑去找他，因而，在家里离弃了自己的双亲，在外面抛弃了自己主管的事务，足迹接连不断地出入诸侯各国，车辙遍布千里之外，这都是身居高位者崇尚智巧的罪过。

上诚好知而无道[①]，则天下大乱矣！何以知其然邪？夫弓弩毕弋机辟之知多[②]，则鸟乱于上矣；钩饵罔罟罾笱之知多[③]，则鱼乱于水矣；削格罗落罝罘之知多[④]，则兽乱于泽矣；知诈渐毒颉滑坚白解垢同异之变多[⑤]，则俗惑于辩矣。故天下每每大乱[⑥]，罪在于好知。

故天下皆知求其所不知，而莫知求其所已知者；皆知非其所不善，而莫知非其所已善者，是以大乱。故上悖日月之明，下烁山川之精⑦，中堕四时之施⑧；惴耎之虫⑨，肖翘之物⑩，莫不失其性。甚矣夫好知之乱天下也！自三代以下者是已，舍夫种种之民而悦夫役役之佞⑪，释夫恬淡无为而悦夫哼哼之意⑫，哼哼已乱天下矣！

注释

①无道：摒弃人道。

②弓、弩、毕、弋、机、辟：皆为捕鸟器物。弩，用机栝发箭的弓。毕，捕鸟网。弋 yì，系绳可收回的箭。机，弩牙。辟，本作“变”，今依武延绪之说改为“辟”。

③钩、饵、罔、罟、罾、笱：皆为捕鱼器物。罾 zēng，用竹竿或木棍做支架的渔网。笱 gǒu，筌，捕鱼的竹篓，大口窄颈，腹大尾尖，塞住尾端，便成为捕捉鱼虾的简便工具。

④削格、罗落、罝罘 jūfú：皆为捕兽机关。削格，用竹竿和木棍制成的栅栏。罗落，兽网。落，通“络”。罝罘，两种捕兔的网具。

⑤渐毒：欺诈。颉 jié 滑：奸黠，机巧。坚白：见《德充符》注。解垢：诡曲之辞。同异：即“合同异”，战国时名家的诡辩论题之一，从事物相对的一面出发，主张取消同与异的区别。

⑥每每：昏昏。

⑦烁 shuò：销毁。

⑧堕 huī：通“隳”，毁坏，破坏。

⑨惴 zhuì 耎 ruǎn 之虫：谓无足之虫。惴耎，蠕动的样子。

⑩肖翘：微小的飞虫。肖，小。翘，轻，飞翔之物。

⑪种种：淳朴的样子。役役：狡黠的样子。佞 nìng：巧言谄媚之人。

⑫释：抛弃，舍弃。哼哼 zhūn：烦絮，喋喋不休。

译文

身居高位者崇尚智巧而摒弃大道，天下就会大乱！怎么知道是这样的呢？弓箭、鸟网、机关的智巧多，上面的飞鸟就会被扰乱；钩饵、渔网、竹篓的智巧多，水中的游鱼就会被扰乱；木栅、兽槛、兔网的智巧多，草泽中的野兽就会被扰乱；巧诈、欺诈、狡黠、曲辞、坚白、同异的诡辩多，世俗之人就会被迷惑。所以天下昏昧混乱，罪过便在于崇尚智巧。

所以天下人都只知道去追求他所不知道的东西，而不知道去追求他已经知道的东西；都知道非难自己所认为不好的，不知道非难他认为好的；因此天下才大乱。所以上遮蔽了日月的光明，下消损了山川的精华，在中间则破坏了四时的运行，蠕动的小虫，微小的飞虫，没有不丧失本性的。崇尚智巧而扰乱天下，这真是太厉害了！自从三代以下，都是这样的，舍弃淳朴本性的百姓，而喜欢狡黠的谄媚之人，舍弃恬淡无为，而喜欢喋喋不休的教化，喋喋不休的教化已经扰乱天下了！

天地

题解

玄珠丢了，怎么去找？不经意间就找到了。这是一件简单的事情，却告诉我们一个深刻的道理：机心不可有。当快速计算变成机心不断，当机心不断变成诚心难求，当诚心难求变成真心不再，我们的生活将变成何种模样？而我们还义无反顾地走在遗失自我的路上。

“天地”篇讲述“宗法自然”“无为而治”的道理。第一部分从道的角度解释天地演化，泛论君王之治。第二部分介绍君子刳心得道的十个法则。第三部分具体形象地描述道之本体，以及王德之人。第四部分以皇帝遗失玄珠的故事说明要摒弃机巧，无心得道。第五部分通过许由与尧的对话，说明乱的根源在治，君主当无为而治。第六部分借守边人之口告诫君主当顺其自然，无惧三患，“天下有道，则与物皆昌；天下无道，则修德就闲”。第七部分介绍禹拜访伯成子高的故事，批评禹立赏罚而乱天下。第八部分介绍万物的起源。第九部分借孔子与老子的对话，说明统治天下需不执着于外物，不执着于天然，不执着于自己，才能“入于天”。第十部分借蒋闾菀与季彻的对话，说明圣人应无为而治，“同乎德而心居”。第十一部分通过子贡与为圃之人的对话，说明持守内心如一，任自然而弃机巧的道理。第十二部分通过阐述“圣人”“德人”“神人”，说明无为之“神人”能达到不见行迹、照彻空明的境界，超然物外与混沌冥合。第十三部分通过武王伐纣之事说明至德之世“行而无迹，事而无传”的原因在于无为而治。第十四部分通过批评孝子与忠臣阿谀谄媚世情之行，说明崇高的言论被流俗之言所遮蔽，天下人不明此理因而陷入困惑。第十五部分讲述五种丧失天性的情况，说明冠冕堂皇以求名利之人并未“自得”，反而是被束缚。

一

天地虽大，其化均也①；万物虽多，其治一也②；人卒虽众，其主君也③。君原于德而成于天④，故曰，玄古之君天下⑤，无为也，天德而已矣。

以道观言，而天下之君正⑥；以道观分，而君臣之义明；以道观能，而天下之官治；以道泛观⑦，而万物之应备⑧。故通于天者，道也；顺于地者，德也；行于万物者，义也；上治人者，事也；能有所艺者，技也。技兼于事，事兼于义，义兼于德，德兼于道，道兼于天，故曰：古之畜天下者，无欲而天下足，无为而万物化，渊静而百姓定⑨。

记曰[⑩]："通于一而万事毕，无心得而鬼神服。"

注释

①化：生长，化育。

②治：条理，即万物各居其位，以自得为治。

③人卒：百姓。主：主宰。

④原：本。天：自然，即无为自然之道。

⑤玄：远。君：君临，统治。

⑥正：正当，合理。

⑦泛观：广泛地观察。

⑧应：对应。庄子认为世间一切事物都是相互对应的，有寒必有热，有雌必有雄，彼此相对，顺乎自然。

⑨渊静：抱朴守静。

⑩记：古书记载，不指定某一本书。一说为老子所作。

译文

天地虽然广大，它们的生长演化却是均匀的。万物虽然繁多，但它们的条理都是一样的。百姓虽然众多，主政的却是君王。君王主政是依据天德而顺应自然。所以说，远古的君王统治天下，无为而治，合乎天德。

从"道"观察言论，天下君王的地位便名正言顺了，从"道"观察分际，君臣之间的名分便分明了，从“道”观察才能，天下的官员都治政俱佳，从“道”的一面来广泛观察，万物的对应都齐全了。所以通达于天的是“道”；顺应于地的是“德”；畅行于万物之间的是“义”；居上位而统治人们的是各任其事；才能有所创造的是技艺。技艺合于自行之事，自行之事合于义理，义理合于德性，德性合于道，道合于天。所以说古代养育天下的，没有贪欲，天下便自可富足，自然无为，万物便自行化育，抱朴守静，百姓便自我安定。古书记载：“通达于混一之道，则万事大吉，没有心思机巧，则鬼神敬从。”

二

夫子曰[①]：“夫道，覆载万物者也，洋洋乎大哉[②]！君子不可以不刳心焉[③]。无为为之之谓天，无为言之之谓德，爱人利物之谓仁，不同同之之谓大，行不崖异之谓宽[④]，有万不同之谓富。故执德之谓纪[⑤]，德成之谓立，循于道之谓备，不以物挫志之谓完。君子明于此十者，则韬乎其事心之大也[⑥]，沛乎其为万物逝也[⑦]。若然者，藏金于山，沉珠于渊，不利货财[⑧]，不近贵富；不乐寿，不哀夭；不荣通，不丑穷；不拘一世之利以为己私分[⑨]，不以王天下为己处显。（显则明）[⑩]，万物一府，死生同状[⑪]。”

注释

①夫子：庄子自称。一说为老子。
②洋洋：广阔盛大的样子。
③刳kū心：摒弃内心的杂念。刳，剖开而挖空，这里指摒弃。
④崖异：乖异，与众不同。崖，借为“乖”。
⑤纪：纲纪。
⑥韬：包藏，包容。事心：立心。
⑦沛：借为“滔”，充盛的样子。逝：往。
⑧利：以……为利。
⑨拘：攫取，收揽。
⑩此处或为误入，存疑。
⑪同状：同样，无异。

译文

先生说：“道啊，它覆盖万物，又托生万物，浩瀚无边，太大了！君子不能不摈弃内心的杂念来面对它。用无为之心去做事，这是天；不用言说的方式去表达，这是德；爱所有的人而利益万物，这是仁；包容不同的事物，这是大；行为不乖异就是宽；包罗万象就是富。所以执持德性就是纲纪，德行实践就是建立，循归于道就是完备，不让外物挫伤心志就是完美。君子明了这十项，便能涵养万物而立心高远，德泽滂沛而任万物往来。像这样的人，藏金于高山，藏珠于深渊，不谋财货，不求富贵；不以高寿为乐，不以夭折为哀；不以通达为荣耀，不以贫穷为丑陋；不攫取世间的利益据为己有，不以君临天下来彰显自己。(彰显便是炫耀)，万物一体，死生无异。”

三

夫子曰：“夫道，渊乎其居也①，漻乎其清也②。金石不得③，无以鸣。故金石有声，不考不鸣④。万物孰能定之！

“夫王德之人⑤，素逝而耻通于事⑥，立之本原而知通于神⑦。故其德广，其心之出，有物采之⑧。故形非道不生，生非德不明。存形穷生，立德明道，非王德者邪！荡荡乎⑨！ 忽然出，勃然动⑩，而万物从之乎！此谓王德之人。

“视乎冥冥⑪，听乎无声。冥冥之中，独见晓焉⑫；无声之中，独闻和焉⑬。故深之又深而能物焉⑭，神之又神而能精焉⑮；故其与万物接也⑯，至无而供其求，时骋而要其宿⑰（大小、长短、修远）⑱。”

注释

①渊：深。居：安定。

②漻 liú：清澈的样子。

③金石：钟磬，古代乐器。

④考：叩击。

⑤王德：大德，盛德。王，通“旺”，盛大。

⑥素逝：抱朴归真，任心而行。素，真。逝，往。

⑦本原：大道。知：通“智”。神：变幻莫测的境界。

⑧采：求，感。

⑨荡荡：宽广浩荡。

⑩勃然：与上句“忽然”相同，都是无心的样子。

⑪冥冥：昏暗的祥子。

⑫晓：亮光。

⑬和：应和。

⑭能物：能化生万物。

⑮能精：能聚散精气。

⑯接：应接。

⑰要：聚合。宿：归宿

⑱句义不全，疑为误入。不译。

译文

先生说：“道，是深幽静谧的，是清澈澄明的。钟磬不得道，便无从鸣响。所以钟磬有声，不敲不响。万物感应无方，谁能确定它呢！

“盛德之人，抱朴归真，任心而行，以精通俗务为耻，立身于道，而智慧通达于变幻莫测的境界，所以他的德行广大。他的心思在动，是对外物的感应。所以形体没有道，就不能化生，生命没有道就不能通明。保存形体，充实生命，树立德行，彰明大道，这不就是盛德吗？多么浩荡广阔！他们无心地有所感，他们又无心地有所动，万物还一直跟从！这就是盛德之人啊。

“道啊，看起来昏暗深远，听起来静寂无声。昏暗之中，独有光亮；无声之中，独有和音。因此，深而又深，却能化生万物，神而又神，却能聚散精气。因此道与万物相接，虚无静默而能供应万物所求，驰骋万里而成为万物的归宿。”

四

黄帝游乎赤水之北[①]，登乎昆仑之丘而南望。还归，遗其玄珠[②]。使知索之而不得[③]，使离朱索之而不得，使喫诟索之而不得也[④]。乃使象罔[⑤]，象罔得之。黄帝曰：“异哉！象罔乃可以得之乎？”

注释

①赤水：神话中的水名。

②玄珠：珠名，比喻道。

③知：虚构的人名，通“智”，暗喻足智多谋。索：求索，寻找。

④喫 chī 诟：虚构的人名，暗喻善于言辩。

⑤象罔：虚构的人名，取似有象而实无，暗喻无心。

译文

黄帝闲游在赤水的北面，登上昆仑山顶向南眺望。返回时，遗失了玄珠。让知去寻找，没有找到，让离朱去寻找，没有找到，让喫诟去寻找，也没有找到。就让象罔去寻找，象罔找到了。黄帝说：“神奇啊！只有象罔才能够找到吗？”

五

尧之师曰许由，许由之师曰啮缺，啮缺之师曰王倪，王倪之师曰被衣①。

尧问于许由曰；“啮缺可以配天乎②？吾藉王倪以要之③。”

许由曰：“殆哉圾乎天下④！啮缺之为人也，聪明睿知，给数以敏⑤，其性过人，而又乃以人受天⑥。彼审乎禁过⑦，而不知过之所由生。与之配天乎？彼且乘人而无天⑧，方且本身而异形⑨，方且尊知而火驰⑩，方且为绪使⑪，方且为物絯⑫，方且四顾而物应⑬，方且应众宜，方且与物化而未始有恒⑭。夫何足以配天乎？虽然，有族，有祖⑮，可以为众父，而不可以为众父父⑯。治，乱之率也，北面之祸也，南面之贼也⑰。”

注释

①啮 niè 缺、王倪、被 pī 衣：皆为虚构的求道之士，已见于《应帝王》等篇。被衣即《应帝王》篇中的蒲衣子。

②配天：为天子。

③藉：借助。要：通“邀”，邀请。

④殆：近。圾：通“岌”，岌岌可危。

⑤给：捷。数：疾，急。以：而。敏：迅速。

⑥乃：能。受：通“授”。天：自然天性。

⑦审：明白。禁：禁止，阻止。过：过失。

⑧且：将。乘：凭借，依据。无天：抛弃自然。

⑨方且：将。本：以身为本。异形：区分他人与自我。

⑩尊知：崇尚智巧。知，通“智”。火驰：如火之驰，形容用智之急。

⑪绪：琐碎小事。使：役使。

⑫絯 gāi：约束，拘束。

⑬物应：即应物，应接外物。

⑭恒：常，准则。

⑮祖：一族之主，主群聚之事者。

⑯众父父：百姓官长的官长，即国君。众父，百姓的官长。

⑰南面：古时候帝王的座位向南，臣子行拜礼向北，故以“南面”比喻国君，以“北面”比喻臣子。

译文

尧的老师是许由，许由的老师是啮缺，啮缺的老师是王倪，王倪的老师是被衣。

尧问许由说：“啮缺可以做天子吗？我请王倪来

邀请他。”

许由说：“危险啊！会危及天下！啮缺这个人，聪明睿智，机灵敏捷，天性过人，又怎能将人事授予这样的天性。他知道怎样阻止别人的过失，而却不知产生过失的根由。让他来做天子吗？他将依人为而摈弃自然，以己身为本而区别他人与自我，将崇尚智巧而急用计谋；将为琐碎细小之事所役使，将被外物所约束，将顾盼四方而应接不暇，事事求合宜，将受外物影响而没有准则。他怎么能够做天子呢？即便这样，有聚群，便有群众之首，可以做一方百姓的官长，但不可以做一国的君主。治，是乱的起因，是臣子的祸患，是君王的贼寇！”

六

尧观乎华[①]。华封人曰[②]：“嘻，圣人！请祝圣人。”

“使圣人寿。”尧曰：“辞[③]。”

“使圣人富。”尧曰：“辞。”

“使圣人多男子。”尧曰：“辞。”

封人曰：“寿、富、多男子，人之所欲也，女独不欲[④]，何邪？”

尧曰：“多男子则多惧，富则多事，寿则多辱。是三者，非所以养德也，故辞。”

封人曰：“始也，我以女为圣人邪，今然君子也。

天生万民，必授之职，多男子而授之职，则何惧之有？富而使人分之，则何事之有？夫圣人，鹑居而鷇食[⑤]，鸟行而无彰[⑥]。天下有道，则与物皆昌；天下无道，则修德就闲；千岁厌世，去而上仙；乘彼白云，至于帝乡[⑦]；三患莫至，身常无殃，则何辱之有！”

封人去之。尧随之，曰：“请问？”

封人曰：“退已！”

注释

①观：巡视。华：地名，今陕西省华县。

②封人：看守边界的人。封，封疆，边界。

③辞：谢绝。

④女：通“汝”，你。独：偏。

⑤鹑 chún：鹌鹑，居无常所。鷇 kòu 食：无心求食。鷇，需母鸟哺食的雏鸟。

⑥无彰：不留行迹。彰，迹。

⑦帝乡：天帝居住的地方。“乘彼”两句：谓驾着飘荡的白云到达天帝居住的殿堂。

译文

尧在华地观游。华地守边人说：“啊，圣人啊，请接受我的祈福。”

“愿圣人长寿！”尧说：“不要。”

“愿圣人富足！”尧说：“不要。”

“愿圣人多男孩！”尧说：“不要。”

守边人说："长寿、富足、多男孩，这是人人都想要的。你偏偏不要，这是为什么呢？"

尧说："多男孩则多些忧惧，富足则多些烦事，长寿则多些困辱。这三样，都不适合培养德性，所以谢绝。"

守边人说："起初，我认为您是圣人，现在发现，竟然只不过是君子而已。天生万民，一定会授予职事，男孩虽多，却都授予职事，有什么忧惧？富足了，就与人分享，有什么烦事？圣人，随遇而安，无心求食，如飞鸟一般不留痕迹。天下有道，就与万物一同欢畅；天下无道，就进德修业，乐得清闲；千岁以后就厌倦人世，离开人间去往仙境；乘着白云，飞向天地之间；三种忧患不来，周身不见灾祸，又哪里会有什么困辱呢？"

守边人离去。尧跟着他，说："请问该怎么办？"

守边人说："回去吧！"

七

尧治天下，伯成子高立为诸侯①。尧授舜，舜授禹，伯成子高辞为诸侯而耕。禹往见之，则耕在野。禹趋就下风②，立而问焉，曰："昔尧治天下，吾子立为诸侯③。尧授舜，舜授予，而吾子辞为诸侯而耕，敢问其故何也？"

子高曰："昔尧治天下，不赏而民劝，不罚而民畏。今子赏罚而民且不仁，德自此衰，刑自此立，后世之乱自此始矣。夫子阖行邪[4]？无落吾事[5]！”侣侣乎耕而不顾[6]。

注释

①伯成子高：虚构的人物。伯成，复姓。

②趋就：快步走近。下风：下方。风，通“方”。

③吾子：您，亲切的称谓。

④阖 hé：通“盍”，何不。

⑤无：通“毋”，不要。落：废。

⑥侣侣 yì：低头耕作的样子。

译文

尧治理天下的时候，立伯成子高为诸侯。后来，尧让位于舜，舜让位于禹，伯成子高便辞去诸侯之位，回乡耕地。禹去看他时，正在田野耕种。禹走在下面，站着问他：“以前尧治理天下，先生立为诸侯，尧让位于舜，舜让位于我，而先生却辞去诸侯之位，回乡耕地，请问这是什么原因呢？”

伯成子高说：“以前尧治理天下，不行赏，百姓却努力向善；不惩罚，百姓却知道惧怕。现在您赏罚分明，百姓却不懂仁道，德性从此就衰落了，刑罚从此就建立了，后世的祸乱从此就开始了！先生何不离开呢？不要耽误我的耕作！”于是便低头耕田，不再多看禹一眼。

八

泰初有无[1]，无有无名；一之所起[2]，有一而未形。物得以生，谓之德；未形者有分[3]，且然无间[4]，谓之命；留动而生物[5]，物成生理[6]，谓之形；形体保神，各有仪则，谓之性。性修反德，德至同于初。同乃虚，虚乃大。合喙鸣[7]；喙鸣合，与天地为合。其合缗缗[8]，若愚若昏，是谓玄德，同乎大顺[9]。

注释

①泰初：宇宙未形成之初。

②一：道。

③有分：有阴阳之分。

④无间：浑然一体。

⑤留动：静。阳动而生阴，阴即静。留，阳。

⑥理：生命，条理，样态。

⑦合：合于，混合。喙 huì：鸟嘴，形容众口无心之言。

⑧缗缗 mín：冥合无迹的样子。

⑨大顺：顺应自然之道。

译文

在宇宙尚未形成的时候，只有“无”，没有“有”，也没有名称；道产生时，是一个混一的世界，还没有产生万物的形体。万物得道而生成，便是“德”；形体没有产生时已经有了阴阳之分，而且浑然一体，便是“命”；元气流动不止，稍有停滞，便产生了物，万物生成后，也产生了不同的样态，便是“形”；形体保有精神，各有仪态法则，便是“性”。修“性”后再返回于“德”，“德”与太初混同为一。同于太初，就达到虚静，达到虚静，就做到广大包容。与天下众口合声，众口之声相合，便是与天地相契合。这种融合浑然无迹，像是质朴，又像是昏暗，这就是“玄德”，同于自然。

九

夫子问于老聃曰：“有人治道若相放①，可不可，然不然。辩者有言曰②：‘离坚白，若县宇③。’若是则可谓圣人乎？”

老聃曰：“是胥易技系、劳形怵心者也④。执狸之狗来田⑤，猿狙之便来藉⑥。丘，予告若，而所不能闻与而所不能言⑦，凡有首有趾无心无耳者众，有形者与无形无状而皆存者尽无。其动止也，其死生也，其废起也，此又非其所以也⑧。有治在人，忘乎物，忘乎天，其名为忘己，忘己之人，是之谓入于天。”

注释

①放：逆。

②辩者：这里指公孙龙之徒。

③县宇：悬挂在屋檐下，比喻通俗易晓。宇，屋檐。

④胥：小吏。易：更换职事。技系：为技艺所系累。怵心：心里感到惊惧。

⑤执狸：捕狸。他本作“执留”，依赵谏议本、成玄英本改之。来田：打猎。田，猎。他本作“成思”，依吴汝纶说，疑“成”与“来”草书形相近，故改之。

⑥便：便捷，灵敏。

⑦而：通“尔”，你。

⑧所以：所作，作为。

译文

孔子问老子说：“有些人修道，好像背道而驰，把不可以的说成是可以的，把不是这样的说成是这样的。辩论的人说：‘分析坚白之论，就像悬挂在屋檐下那样通俗易晓。’像这样的人，可以称为圣人吗？”

老子说：“这样的人就像经常治事的小吏那样为技艺所累，劳累自己的形体，扰乱自己的心神。捕狸的狗在跟随猎人打猎时被拴起来，猿猴因为敏捷而被人从山林里捉来。孔丘，我告诉你，你所不能够听到的和你所不能够说出来的，有头、有脚、无知、无闻的有形人很多，而有形的人和无形无状的道共存的情况是不存在的。人的动静、死生、兴废，这并非由人的所作所为来决定的。天下的统治都是人为的，不执着于外物，不执着于天然，这就叫不执着于自己，不执着于自己的人，这就是天人合一。”

十

蒋闾葂见季彻曰①：“鲁君谓葂也曰：‘请受教。’辞不获命，既已告矣，未知中否②，请尝荐之③。吾谓鲁君曰：‘必服恭俭④，拔出公忠之属而无阿私⑤，民孰敢不辑⑥！’”

季彻局局然笑曰⑦：“若夫子之言，于帝王之德，犹螳螂之怒臂以当车轶⑧，则必不胜任矣。且若是，则其自为处危，其观台多物⑨，将往投迹者众⑩。”

蒋闾葂觑觑然惊曰⑪：“葂也汒若于夫子之所言矣⑫。虽然，愿先生之言其风也⑬。”

季彻曰：“大圣之治天下也，摇荡民心⑭，使之成教易俗，举灭其贼心而皆进其独志⑮，若性之自为，而民不知其所由然。若然者，岂兄尧舜之教民⑯，溟涬然弟之哉⑰？欲同乎德而心居矣！”

注释

①蒋闾葂 miǎn、季彻：皆为虚构人物。蒋闾、季，姓。葂、彻，名。

②中否：对不对。

③尝：试。荐：进言，陈述。

④服：行。恭俭：恭敬俭朴。

⑤拔：选拔。属：类。阿ē私：偏私。阿，曲。

⑥辑：和。

⑦局局然：大笑的样子。

⑧怒：奋。车轶：车辙。

⑨观台多物：比喻朝廷多事。观台，君王所居住的地方。物，事。

⑩投迹：投奔而去。

⑪觑觑xì然：惊惧。

⑫汒若：茫然。汒，通“茫”。

⑬风：通“方”，方术，即治国之道。

⑭摇荡民心：鼓舞民心，使人自得其性。

⑮贼心：智巧之心。独志：独特之志，指个人本能独创性的活跃。

⑯兄：尊崇。

⑰溟涬mǐngxìng：冥冥愚钝，无所知的样子。弟：跟从。

译文

蒋闾葂见季彻说：“鲁君对我说：‘请指教。’我有意推辞，却不被允许，已经告诉他道理了，不知道自己讲的对不对，请让我试着陈述一下。我对鲁君说：‘一定要做到恭敬俭朴，选拔出公正忠诚的人，没有偏私之心，若做到这样，百姓谁敢不顺和呢！’”

季彻大笑说：“像先生这样的说法，对于帝王的德业，就如螳螂奋臂来对抗车辙，那就一定不能胜任了。况且如果这样，国君就身处高危，朝廷多事，于是跑到国君那里的人就多了。”

蒋闾葂大吃一惊：“我对先生的话感到十分茫然。虽然这样，还是愿意听先生讲讲治国之方。”

季彻说：“伟大的圣人治理天下，鼓舞民心，让他们成全教化，改变风俗，完全灭绝他们的智巧之心而增进独创之志，好像本性如此，而百姓却不知道为什么这样。像你这样，岂不是尊崇尧舜所教导的人民，低头甘心跟随他们吗？圣人是要百姓同于自然之德而心安啊！”

十一

子贡南游于楚，反于晋，过汉阴①，见一丈人方将为圃畦②，凿隧而入井，抱瓮而出灌，搰搰然用力甚多而见功寡③。子贡曰：“有械于此，一日浸百畦，用力甚寡而见功多，夫子不欲乎？”

为圃者仰而视之曰：“奈何？”曰：“凿木为机，后重前轻，挈水若抽，数如泆汤，其名为槔④。”为圃者忿然作色而笑曰⑤：“吾闻之吾师，有机械者必有机事，有机事者必有机心。机心存于胸中，则纯白不备；纯白不备，则神生不定；神生不定者，道之所不载也。吾非不知，羞而不为也。”子贡瞒然惭[6]，俯而不对。

有间，为圃者曰：“子奚为者邪？”曰：“孔丘之徒也。”为圃者曰：“子非夫博学以拟圣，於于以盖众[7]，独弦哀歌以卖名声于天下者乎？汝方将忘汝神气，堕汝形骸，而庶几乎[8]！汝身之不能治，而何暇治天下乎？子往矣，无乏吾事！”子贡卑陬失色[9]，顼顼然不自得[10]，行三十里而后愈。

注释

①子贡：孔子弟子。反：通“返”。汉阴：汉水的南岸。山北水南谓阴，山南水北谓阳。

②丈人：古代对老年男子的尊称。圃畦：名词作动词，种菜种稻。种菜之园称“圃”，种稻之田称“畦”。

③搰 kū：用力的样子。

④挈 qiè：提。数：疾速。泆汤：溢出的沸汤。泆，通“溢”。槔 gāo：桔槔，古代一种用于汲水的器械。

⑤忿然作色：生气地改变脸色。作，改变。

⑥瞒然：羞愧的样子。

⑦於于：夸诞自得的样子。

⑧庶几：差不多，近。

⑨卑陬 zōu：羞愧的样子。

⑩顼顼 xū：自失的样子。

译文

子贡往南到楚国游历，回到晋国，经过汉水的南岸，看见一位老人正在种菜种稻。他挖水沟通到井里，抱着瓮到井里打水，再去灌溉菜园。用力很多，功效却很少。子贡说："现在有一种机械，一天能够灌溉上百畦，用力很少，功效却很高，先生不愿意试一下吗？"

浇水的人仰起头看着子贡问："是什么样的机械？"子贡说："用木材做成的机械，后重前轻，用它提水，就像从井里抽水一样。速度之快就像沸腾的汤溢出那样，它的名称叫作桔槔。"浇水的人生气地变了脸色，哂笑着说："我听我的老师说过，用机巧的械具必定有机巧的事务，有机巧的事务必定有机巧之心；有机巧之心存在胸中，就不能保全纯洁明澈；不能保全纯洁明澈，就会心神不定；心神不定，就不能载道。我并不是不知道，只是认为那样做是羞耻，所以不愿意去做。"子贡感到羞愧难当，低着头不回答。

过了一会儿，浇园子的人问："你是做什么的？"子贡回答："我是孔丘的学生。"浇园子的人说："你不就是那个以博学比拟圣人，以夸饰卓然出众，自己拨弦弹唱悲歌，向天下人炫卖名声的人吗？你要是遗忘神气，毁弃形体，那就差不多接近大道了。

你甚至都不能修持自身，还哪里有时间治理天下呢？你走开吧，别妨碍我做事。”子贡羞愧难当，怅然若失而不自在，走了三十里路才好些。

其弟子曰：“向之人何为者邪[1]？夫子何故见之变容失色，终日不自反邪？”曰：“始吾以夫子为天下一人耳，不知复有夫人也[2]。吾闻之夫子，事求可，功求成。用力少，见功多者，圣人之道。今徒不然[3]。执道者德全，德全者形全，形全者神全。神全者，圣人之道也。托生与民并行而不知其所之，汒乎淳备哉[4]！功利机巧必忘夫人之心。若夫人者，非其志不之，非其心不为。虽以天下誉之，得其所谓，謷然不顾[5]；以天下非之，失其所谓，傥然不受[6]。天下之非誉，无益损焉，是谓全德之人哉！我之谓风波之民[7]。”

反于鲁，以告孔子。孔子曰：“彼假修浑沌氏之术者也[8]。识其一，不知其二；治其内，而不治其外。夫明白太素[9]，无为复朴，体性抱神[10]，以游世俗之间者，汝将固惊邪？且浑沌氏之术，予与汝何足以识之哉！”

注释

①向之人：刚才那个人。向，之前，刚才。

②夫人：那个人，指汉阴丈人。夫，代词，那。

③徒：但，乃。

④淳备：淳朴无亏。

⑤謷ào然：高大的神态。謷，通“傲”，藐视。

⑥傥然：无心的样子。

⑦风波：摇摆不定，比喻容易为是非所动。

⑧彼：那人，指汉阴丈人。假：借。浑沌氏：虚构的人物，形容虚寂无为。

⑨太素：明澈纯素。素，白色生绢。他本作“入素”，疑“入”为形误，依《淮南子·精神训》改为“太素”。

⑩体性：体悟天性。抱神：保持精神完足。

译文

子贡的弟子问：“刚才那个人是什么人啊？先生为何见到他变容失色，一直不能恢复神色呢？”子贡回答说：“起初，我以为天下能够称得上圣人的只有我老师一个人呢，不知道还有那个汉阴丈人。我听老师说，事情求办妥，功业求成就。费力少，功效多，才是圣人之道。今天看来却不是这样。持守大道的人，德性是完备的，德性完备的人，形体是完整的，形体完整的人，精神也是完满的，精神完满便是圣人之道。托生于人世与人们同进同出，逍遥自在却不知道自己在什么地方，内心茫昧深远，德行淳厚而又完备！在这种人的心里，功利机巧必定被遗忘。像这样的人，不合他意志的，他不会去做，不合他心思的，他不会去做。即使天下人都赞誉他，也合于他的心意，他也傲然不顾；即使天下人都责难他，只要不合他的意志，他也漠然无视，不会接受。天下人的赞誉和责难，对他并没有增加或是减少，这就是全德之人。我却属随俗之人。”

子贡回到鲁国，把这件事告诉了孔子。孔子说：“那个人是修习浑沌之术的人。持守内心如一，心神不二；修养内心，不治外物。像这样明澈纯素，自然无为，体悟天性，抱守精神而遨游于世俗之中的人，你当然会感到吃惊。而且浑沌氏的道术，我和你怎么能够认识呢？”

十二

谆芒将东之大壑[①]，适遇苑风于东海之滨[②]。

苑风曰：“子将奚之？”

曰：“将之大壑。”

曰：“奚为焉？”

曰：“夫大壑之为物也，注焉而不满，酌焉而不竭[③]，吾将游焉。”

苑风曰：“夫子无意于横目之民乎[④]？愿闻圣治。”

谆芒曰：“圣治乎？官施而不失其宜，拔举而不失其能，毕见情事而行其所为，行言自为而天下化，手挠顾指[⑤]，四方之民莫不俱至，此之谓圣治。”

注释

①谆芒：庄子寓言中的虚构人物。大壑：大海，这里指东海。

②适：恰巧。苑风：庄子寓言中的虚构人物。

③酌：取。

④横目之民：人民。

⑤手挠顾指：顾盼指挥之间。手挠，手招。顾指，目视。

译文

谆芒将要去东海游历，恰好在东海岸遇见苑风。

苑风问："你要去哪里呢？"

谆芒答："要去东海。"

苑风问："去做什么呢？"

谆芒答："大海这种东西，流注而不会满溢，酌取而不会枯竭，我想去游历。"

苑风说："先生不关心普天之民吗？我愿意听听圣人之治。"

谆芒说："圣治吗？官员布施政令，而不失合宜，举拔人才，而不错失贤能，明察事情，而做他所应当作的，言行自然而发，天下则可以化育。那么，顾盼指挥之间，四方百姓没有不赞同的了，这就是圣治。"

“愿闻德人。”

曰：“德人者，居无思，行无虑，不藏是非美恶。四海之内共利之之谓悦，共给之之为安；怊乎若婴儿之失其母也①，傥乎若行而失其道也②。财用有余而不知其所自来，饮食取足而不知其所从，此谓德人之容。”

“愿闻神人。”

曰：“上神乘光③，与形灭亡，此谓照旷④。致命尽情⑤，天地乐而万事销亡，万物复情，此之谓混冥。”

注释

①怊 chāo 乎：怅然。怊，怅。

②傥乎：茫然。

③上神乘光：神人驾驭光明。

④照旷：照彻空旷。

⑤致命：通达天命。尽情：穷极情理。

译文

苑风说：“我愿意听听有德之人。”

谆芒答：“德人，安静的时候不去想什么，行动的时候不考虑什么，没有是非美恶存在心中。四海之内，天下共享，便是悦，天下同施，便是安，怅怅然像婴儿失去母亲的怀抱，茫茫然像走路失去方向。财用富足却不知道是从哪里得来，饮食充足却不知道从哪里出来，这就是德人的容态。”

苑风说：“我愿意听听神人。”

谆芒答：“神人乘着光芒，不见形迹，这就叫照彻空旷。通达天命，穷极情理，与天地同乐，不受万物的牵绊，万物各归真情，这就是混同玄冥。”

十三

门无鬼与赤张满稽观于武王之师[①]。赤张满稽曰：“不及有虞氏乎！故离此患也[②]。”

门无鬼曰：“天下均治而有虞氏治之邪，其乱而后治之与？”

赤张满稽曰：“天下均治之为愿，而何计以有虞氏为！有虞氏之药疡也[③]，秃而施髢[④]，病而求医。孝子操药以修慈父[⑤]，其色燋然[⑥]，圣人羞之。至德之世，不尚贤，不使能；上如标枝[⑦]，民如野鹿，端正而不知以为义，相爱而不知以为仁，实而不知以为忠，当而不知以为信，蠢动而相使[⑧]，不以为赐。是故行而无迹，事而无传。”

注释

①门无鬼、赤张满稽：皆为虚构的人物。武王之师：周武王伐纣的军队。

②离：通“罹”，遭。此患：指兵战之灾。

③药：医治。疡 yáng：头疮。

④鬄 dí：假发。

⑤操：执。修：治。

⑥燋 qiáo 然：憔悴的样子。

⑦标枝：高树上的枝条。标，树枝的末端。

⑧蠢动：行为单纯。相使：相友助。

译文

门无鬼与赤张满稽看到武王伐纣的军队。赤张满稽说："不如虞舜那个时代啊！所以遭到兵战之灾。"

门无鬼说："是天下太平，然后虞舜去治理它，还是天下大乱，然后才去治理它呢？"

赤张满稽说："天下太平是普天之愿，何必需要虞舜来治理呢？虞舜治理头疮，是等秃头了再给带上假发，生病了才去求医。孝子拿着药给父亲治病，面色憔悴，圣人认为这是羞耻的事情。至德的时代，不崇尚贤明，不任用才能，君王如同高扬的树枝，百姓如同奔跳的野鹿。端正自身，却不知道这就是义；相互亲爱，却不知道这就是仁；诚实有信，却不知道这就是忠；恰当适宜，却不知道这就是信；行为单纯，相互帮助，却不知道这就是恩赐。所以道路走过去，没有痕迹，事情做过了，没有流传。"

十四

孝子不谀其亲①，忠臣不谄其君，臣子之盛

也[2]。亲之所言而然，所行而善，则世俗谓之不肖子；君之所言而然，所行而善，则世俗谓之不肖臣。而未知此其必然邪？世俗之所谓然而然之，所谓善而善之，则不谓之道谀之人也[3]！然则俗故严于亲而尊于君邪？谓己道人，则勃然作色，谓己谀人，则怫然作色。而终身道人也，终身谀人也，合譬饰辞聚众也[4]，是终始本末不相罪坐[5]。垂衣裳[6]，设采色，动容貌，以媚一世，而不自谓道谀；与夫人之为徒，通是非，而不自谓众人，愚之至也。知其愚者，非大愚也；知其惑者，非大惑也。大惑者，终身不解；大愚者，终身不灵[7]。三人行而一人惑，所适者犹可致也，惑者少也；二人惑则劳而不至，惑者胜也。而今也以天下惑，予虽有祈向，不可得也。不亦悲乎！

注释

①谀：奉承，讨好。

②盛：盛德，美德。

③道谀：谄媚阿谀。道，谄。

④合譬饰辞：譬喻修辞。

⑤是：此，这种人的做法。不相罪坐：认不出自己的过错。

⑥垂衣裳：形容衣冠严整。

⑦灵：通晓。

译文

孝子不阿谀奉承他的父母，忠臣不谄媚他的君王，这是身为人臣和子女的美德。父母所言都认为是对的，所行都认为是好的，那么世俗会认为这是不肖子；君王所言都认为是对的，所行都认为是好的，那么世俗会认为这是不肖臣。可是不知道这是不是必然的呢？世俗所说的对就认为是对，世俗所说的好就认为是好，世俗却不把这种人称为谄媚阿谀之人。可是世俗一定比父母更可敬、比君王更可尊吗？听别人说自己是谄媚的人，就勃然变色，听别人说自己是阿谀的人，就愤然大怒。而自己确实是终身谄媚别人，终身阿谀别人，用譬喻修辞来聚集群众，却始终认不出自己的过错。衣冠楚楚，装饰文采，修饰容貌，借以谄媚当世，而却不认为自己是在谄媚；与这一类人在一起，是非认识相同，自己却不知道和世间庸人一般，愚蠢至极！知道是愚昧的，并不是大愚；知道是迷惑的，并不是大惑。大惑，终身不能解悟；大愚，终身不能通晓。三人同行，有一人迷惑，所要去的地方还可以到达，因为迷惑的人少；两人迷惑，就会徒劳而不能到达，因为迷惑的人多。现在天下的人皆为迷惑，我虽然有祈望的方向，却不能帮助众人，这不是很可悲吗！

大声不入于里耳[①]，《折杨皇荂》[②]，则嗑然而笑[③]。是故高言不止于众人之心[④]，至言不出，俗言胜也。以二垂踵惑[⑤]，而所适不得矣。而今也以天下惑，予虽有祈向，其庸可得邪！知其不可得也而强之，又一惑也，故莫若释之而不推[⑥]。不推，谁其比忧[⑦]？厉之人夜半生其子[⑧]，遽取火而视之[⑨]，汲汲然唯恐其似己也。

注释

①大声：高雅的乐曲。里耳：俗人之耳。里，本指下里陋巷，这里指世俗之人。

②折杨皇荂 fū：古代的民俗小曲。

③嗑 xiā 然：开口笑的样子。

④高言：高雅的谈吐。不止：不能留存，即听不进去。

⑤二垂：歧路。

⑥释：放下。推：求，究。

⑦比：并，同。

⑧厉之人：丑陋的人。厉，丑恶。

⑨遽：疾速。

译文

高雅的乐曲是不被俚俗之人所接受的，俚俗之人听到《折杨皇荂》这种民俗小曲，便乐得大笑起来。所以对于崇高的言论，世俗大众是听不进去的，至理之言不出现，流俗之言便占上风。要是两个人都迷惑而裹足不前，那么要去的地方就无法到达了。

现在天下的人皆为迷惑，我虽然有祈望的方向，又怎么能到达呢！知道这是无法到达的还要勉强前行，又是一个迷惑，所以还不如放下，不去推究它。凡事不推究，谁还会与我一起忧愁呢？丑陋的人半夜生孩子，急忙取火来照看，心情十分紧张，唯恐孩子长得跟自己一样。

十五

百年之木，破为牺樽[①]，青黄而文之[②]，其断在沟中[③]。比牺樽于沟中之断，则美恶有间矣，其于失性一也。桀跖与曾史，行义有间矣，然其失性均也。且夫失性有五：一曰五色乱目，使目不明；二曰五声乱耳，使耳不聪；三曰五臭薰鼻，困惾中颡[④]；四曰五味浊口，使口厉爽[⑤]；五曰趣舍滑心[⑥]，使性飞扬[⑦]。此五者，皆生之害也。而杨墨乃始离跂自以为得[⑧]，非吾所谓得也。夫得者困，可以为得乎？则鸠鸮之在于笼也，亦可以为得矣。且夫趣舍声色以柴其内[⑨]，皮弁鹬冠缙笏绅修以约其外[⑩]，内支盈于柴栅[⑪]，外重纆缴[⑫]，睆睆然在纆缴之中而自以为得[⑬]，则是罪人交臂历指而虎豹在于囊槛，亦可以为得矣。

注释

①牺樽：祭祀用的酒器，为牺牛状。樽，盛酒器。

②文：通“纹”，作动词，绘制花纹。

③其断：指“破为牺尊”余下的部分。

④困惾 zōng：冲逆。中颡 sǎng：通到脑门。颡，脑门。

⑤厉：病。爽：伤。

⑥趣舍：取舍。趣，通“取”。滑：乱。

⑦飞扬：轻浮躁动。

⑧离跂：翘起脚跟，用力的样子。

⑨以柴其内：如木柴塞在心中。

⑩皮弁 biàn、鹬 yù 冠：古时候的冠冕。弁，帽子。鹬冠，鹬鸟羽毛制成的帽子。缙笏 jìnhù：朝笏，朝见天子时所持手板。绅修：带裙。绅，大带。修，长裙。

⑪盈：满。柴栅：木做的栅栏。

⑫缨缴 mòzhuó：绳索。

⑬睆睆 huǎn：极目远望。

译文

百年的大树，锯开来做成酒器，再用青、黄两种色彩绘制成美丽的花纹，砍剩下的木头被扔在沟中。酒器与砍剩下的木头比起来，美丑是有差别的，但从丧失本性的角度看都是一样的。夏桀、盗跖与曾参、史鱼，行为的好坏是有差别的，但是从丧失本性的角度看都是一样的。况且丧失本性的地方有五种：一是五色造成视觉混乱，使眼睛不明亮；二是五声造成听觉混乱，使耳朵不灵通；三是五臭造成嗅觉混乱，使鼻腔不通畅；四是五味造成味觉混乱，使味蕾受伤害；五是取舍乱心，使性情浮躁。这五种，都是生命的危害。可是，杨朱、墨翟费尽心思想出人头地，自以为有所得，但这并不是我所说的自得。有所得却受困，可以算是自得吗？如果这样，那么斑鸠在笼子里也算是自得了。况且好恶和声色，好像木柴一样塞在心中，而冠冕服饰，则约束人的外形。内心支满了栅栏，外体缠缚着绳索，在绳索之中还极目远望，自以为得意，那么罪人反手被绑，虎豹囚困于笼中，也可以叫作自得了！

秋水

题解

鱼儿的快乐，你知，或是不知，都不那么重要。当你于濠梁之上遇见鱼的那一瞬，心寂空明，了然欢喜，谁又懂得你的怦然心动呢？秋水，有秋的沉寂，有水的灵动，庄子的智慧大抵是在这个季节、这个水畔翩然而至。

秋水，即秋雨。绵绵秋雨引人深思，感悟自然万物皆由相对而成，世事无常莫测，唯有一颗泰然之心应对自如的道理。本篇分为七个部分。第一部分以河伯与北海神的对话说明宇宙万物具有相对性，唯有了解道之真谛，才能悠然自得，而非洋洋得意。第二部分以自然界的生物起兴，说明个体的机能差异都是天然形成，相互比较都是小胜，只有得道圣人才能做到大胜。第三部分借孔子被围于匡的故事说明圣人的勇敢应当临危不惧，泰然处之。第四部分写公孙龙向魏牟问庄子之言，魏牟借浅井里的蛤蟆比喻公孙龙眼界狭隘，满足于一时之利，不能通达庄子真理。第五部分庄子自比为拖尾于泥中的神龟，阐明无为而保真之志。第六部分借凤凰自喻，讽刺惠子困于名利。第七部分借游鱼之乐说明返璞归真之理。

一

秋水时至[①]，百川灌河，泾流之大[②]，两涘渚崖之间[③]，不辩牛马[④]。于是焉河伯欣然自喜，以天下之美为尽在已。

顺流而东行，至于北海，东面而视，不见水端。于是焉河伯始旋其面目，望洋向若而叹曰[⑤]："野语有之曰：'闻道百以为莫己若者'，我之谓也。且夫我尝闻少仲尼之闻而轻伯夷之义者，始吾弗信；今我睹子之难穷也，吾非至于子之门，则殆矣，吾长见笑于大方之家[⑥]。"

注释

①秋水：秋雨。时至：按时降下。

②泾流：水流。泾，水脉。

③涘：河岸。渚崖：洲边。渚，小洲，即水中小块陆地。

④辩：通"辨"，分辨。

⑤望洋：仰视的样子。若：即北海若，海神名，取其若有若无之意。

⑥大方之家：得道之人。方，道。

译文

秋雨降落，许多河流汇入黄河。水流很大，黄河两岸还有水中陆地之间的水面都很开阔，甚至不能分辨牛马。于是河伯欣然自喜，以为天下最美的风景全在自己这里了。

顺流而下，向东行，到了北海，再向东面眺望，看不到水边。于是河伯转过脸，仰望着北海，感叹说："俗话说，'听过很多道理，便以为别人都不如自己'的人，说的就是我啊。况且我曾听说有人小看仲尼的见闻，轻视伯夷的义气，开始我不信。现在我看到北海无边无际，要是没有来到你这里，那我就危险了，我将永远被得道之人嘲笑了。"

北海若曰："井蛙不可以语于海者[①]，拘于虚也[②]；夏虫不可以语于冰者，笃于时也[③]；曲士不可以语于道者[④]，束于教也[⑤]。今尔出于崖涘，观于大海，乃知尔丑，尔将可与语大理矣。天下之水，莫大于海，万川归之，不知何时止而不盈；尾闾泄之[⑥]，不知何时已而不虚；春秋不变，水旱不知。此其过江河之流，不可为量数。而吾未尝以此自多者，自以比形于天地[⑦]，而受气于阴阳，吾在天地之间，犹小石小木之在大山也，方存乎见少，又奚以自多！计四海之在天地之间也，不似礨空之在大泽乎[⑧]？计中国之在海内，不似稊米之在大仓乎[9]？号物之数谓之万[10]，人处一焉；人卒九州[11]，谷食之所生，舟车之所通，人处一焉；此其比万物也，不似毫末之在于马体乎？五帝之所连[12]，三王之所争[13]，仁人之所忧，任士之所劳，尽此矣。伯夷辞之以为名，仲尼语之以为博，此其自多也，不似尔向之自多于水乎？”

注释

①语于海：谈论大海。

②虚：通“墟”，域界。

③笃：固守。

④曲士：卑陋偏执之士。

⑤教：世俗之学，这里指礼教。

⑥尾闾：海水的出口。

⑦比：通“庇”，寄托。

⑧礨空lěikǒng：蚂蚁洞。

⑨稊tí米：小米。

⑩号：名，称。

⑪人卒：人众。九州：人以天下分为九州，这里指中国。

⑫所连：接连禅让天下。

⑬三王：指夏、商、周三代帝王。

译文

北海神说：“不能跟井底之蛙谈论大海，它拘泥于自己的地方；不能跟夏生秋死的小虫谈论冰冻，它固守自己的时限；不能跟卑陋偏执之士谈论道，他被礼教所束缚。现在你走出河岸，观望大海，才知道自己的丑陋。我可以同你谈论大道理了。天下之水，没有大于海的，万川流归于大海，不知道什么时候停流，但海水却并不因此而满溢；海水的出口一直在流泻，不知道什么时候停流，但它却并不因此而虚空；不管春秋交替，水涝或是旱灾也都不会对它产生影响。大海的容量超过江河流量的部分是无法估算的。我从未因此而感到自满，我认为自己寄托形体于天地，禀受元气于阴阳，我在天地之间，好像小石头、小树木在大山中。心里认为自己微小，哪里会觉得自满呢！计算四海在天地之间，不就像蝼蚁之穴在大泽中吗？计算中国在海内之地，不就像小米在大仓之中吗？有名称的物种有万种之多，人类只占一种。人类聚集在九州，粮食所生长的地方，舟车所通过的地方，人类只占一处，那么人与万物比起来，不就像毫毛生长在马身上一样吗？五帝接连禅让，三王争夺天下，仁人所忧虑的，能士所勤劳的，不过如此罢了！伯夷为了求得好名声而辞让君位，孔子大谈天下之事以显示自己学识的渊博。他们的自满，不就好像你刚才在秋水面前洋洋自得那样吗？”

河伯曰："然则吾大天地而小毫末，可乎？"

北海若曰："否。夫物，量无穷[①]，时无止，分无常[②]，终始无故[③]。是故大知观于远近，故小而不寡，大而不多，知量无穷；证曏今故[④]，故遥而不闷，掇而不跂[⑤]，知时无止；察乎盈虚，故得而不喜，失而不忧，知分之无常也；明乎坦涂[⑥]，故生而不说[⑦]，死而不祸，知终始之不可故也。计人之所知，不若其所不知；其生之时，不若未生之时；以其至小求穷其至大之域，是故迷乱而不能自得也。由此观之，又何以知毫末之足以定至细之倪[⑧]，又何以知天地之足以穷至大之域？"

注释

①量：局量，气度。

②分：得失。

③故：通"固"，固定。

④证曏 xiàng：验证，懂得。与下文"察乎"、"明乎"同义。曏，明。故 gǔ：通"古"。

⑤掇：拾掇，拾取。跂：通"企"，企求。

⑥涂：通"途"，道路。

⑦说：通"悦"，喜悦。

⑧至细：最小之物。倪：端倪，限度。

译文

河伯说："那我以天地为大，以毫毛为小，可以吗？”

北海神说：“不能。万物，它的气度是无穷的，时序是没有止境的，得失是没有定准的，始终是没有固定的。所以有大智慧的人无论远近都能够观察到这点，即小的不一定少，大的不一定多，这是因为懂得气度无穷的道理。明白古今一体，所以对于遥远的过去不会感到苦闷，对俯拾可得的未来并不企求，这是懂得时序没有止境。明白盈虚是一样的，所以得到而不会惊喜，失去而不会忧伤，这是懂得得失没有定准。明白死生是平坦的大道，所以不因活着而喜悦，不把死亡当作灾祸，这是懂得始终没有固定。计算人所知道的，比不上他所不知道的；计算他的存活时间，比不上他没有生命的时间；用他有限的生命去穷究无限的宇宙世界，必然会迷乱其中而无所得。从这个方面去看，又怎么能知道毫毛尖儿就确定是这世上最细微的东西呢，又怎么能知道天地可以穷尽最大的境域呢？”

河伯曰：“世之议者皆曰：‘至精无形，至大不可围。’是信情乎[1]？”

北海若曰：“夫自细视大者不尽，自大视细者不明。故异便[2]，此势之有也。夫精，小之微也；垺，大之殷也[3]；夫精粗者，期于有形者也；无形者，数之所不能分也；不可围者，数之所不能穷也。可以言论者，物之粗也；可以意致者[4]，物之精也；言之所不能论，意之所不能致者，不期精粗焉。”

注释

①信情：信实，实情。

②异便：物有大小之异，却各有所宜。便，宜。

③垺 póu：特大。殷：大。

④致：传达。

译文

河伯说：“世人都议论说：‘最精细的是没有形体的，最广大的是无法度量外围的。’这是实情吗？”

北海神说：“从小的方面看大的事物是无法穷尽的，从大的方面看小的事物是不可能分明的。所以大小各有自己的相宜之处，情势如此。精，是小物中的微小之物；垺，是大物中的巨大之物；所谓精细和粗大，限于自己的形体；无形之物，数目是无法区分的；不能度量外围的东西，数目是无法穷尽的。可以言语谈论的，是物的粗大；可以用心意传达的，是物的惊喜；言语所不能谈论的，心意所不能传达的，就不限于精细和粗大了吧。”

河伯曰：“若物之外，若物之内，恶至而倪贵贱[①]？恶至而倪小大？”

北海若曰：“以道观之，物无贵贱；以物观之，自贵而相贱；以俗观之，贵贱不在己。以差观之，因其所大而大之，则万物莫不大；因其所小而小之，则万物莫不小；知天地之为稊米也，知毫末之为丘山也，则差数睹矣。以功观之，因其所有而有之，则万物莫不有；因其所无而无之，则万物莫不无；知东西之相反而不可以相无，则功分定矣。以趣观之，因其所然而然之，则万物莫不然；因其所非而非之，则万物莫不非；知尧桀之自然而相非，则趣操睹矣[②]。

“昔者尧舜让而帝，之哙让而绝[③]；汤武争而王，白公争而灭[④]。由此观之，争让之礼，尧桀之行，贵贱有时，未可以为常也。梁丽可以冲城[⑤]，而不可以窒穴[⑥]，言殊器也；骐骥骅骝[⑦]，一日而驰千里，捕鼠不如狸狌[⑧]，言殊技也；鸱鸺夜撮蚤[⑨]，察毫末，昼出瞋目而不见丘山[⑩]，言殊性也。故曰，盖师是而无非[⑪]，师治而无乱乎？是未明天地之理，万物之情者也。是犹师天而无地，师阴而无阳，其不可行明矣。然且语而不舍，非愚则诬也。帝王殊禅，三代殊继。差其时，逆其俗者，谓之篡夫；当其时，顺其俗者，谓之义之徒。默默乎河伯！女恶知贵贱之门，小大之家！”

注释

①恶：何。倪：区分。

②趣操：取向和操守。

③之哙：燕王哙接受苏代的建议，仿效尧舜，禅让王位给宰相子之，引起国人不满，招致内乱，遭齐宣王讨伐，二人被杀。

④白公：名胜，楚平王之孙，太子建之子。因郑人杀其父，请兵报仇而未允，遂于封邑起兵反楚，被叶公子高杀害。

⑤梁丽：栋梁，屋栋。丽，通“欐”。冲城：冲击敌城。

⑥窒穴：堵塞鼠穴。

⑦骐骥、骅骝 huáliú：皆为古代良马。

⑧狸：野猫。狌：黄鼠狼。

⑨鸱鸺 chīxiū：猫头鹰。撮：抓取。蚤：跳蚤。

⑩瞋 chēn 目：瞪大眼睛。瞋，张。

⑪盖：通“盍”，何不。师：效法。

译文

河伯说：“那么在万物的外面，在万物的里面，怎样来区分贵贱？怎样来区分大小呢？”

北海神说：“从道的方面去看，万物没有贵贱；从物的一面去看，万物自以为贵而互相轻贱；从世俗的一面去看，贵贱不由自己来决定。从万物的差异性去看，根据事物大的一面就认为它大，那么万物没有不是大的；根据事物小的一面就认为它小，那么万物没有不是小的。懂得天地就像一粒米，懂得毫毛如同一座山，那么万物之间的数量差异就看出来了。从功用的一面去看，根据它有用就认为它存在，那么万物全都是存在的；根据它没用就认为它不存在，那么万物全都不存在。知晓东西是相互对立而不可以缺少任何一方，那么就可以确定万物的功用和分量了。从趋向的方面来看，根据事物对的一面就认为它是对的，那么万物都是对的；根据事物错的一面就认为它是错的，那么万物都是错的。如尧、桀自以为是对的而相互非薄，那么取向和操守就看出来了。

“从前尧、舜因为禅让而成为帝，燕王哙、燕国宰相子之因为禅让而使燕国灭亡；商汤、周武王因为争夺而成为王，白公胜因为争夺而遭到灭亡。由此看来，争夺或是禅让的礼法，尧和桀的行为，孰贵孰贱因时而异，不能认为是一成不变的道理。梁栋之大可以用来冲击敌人的城池，却不能用来堵塞鼠穴，这是说器用大小不同。良马骏驹，可以日驰千里，但捕捉老鼠却不及野猫和黄鼠狼，这是说技能不同。猫头鹰夜里能抓跳蚤，明察秋毫，白天它睁大眼睛却看不见大山，这是说性能不同。常有人说，何不效法正确的而抛弃错误的，效法治理好的而抛弃混乱的呢？这种说法是不懂天地的道理，不懂万物的常情。这就像只效法天而不效法地，只效法阴而不效法阳，很明显这是行不通的！然而人们还总是说个不停，这若不是愚蠢就是故意瞎说了！帝王的禅让彼此不同，三代的继承各有差异。不合时代，违逆世俗的，被称为篡位之人；顺应时代，投合世俗的，被称为仁义之人。沉默吧，河伯！你怎能知道贵贱之门、大小之家的区别呢！”

河伯曰：“然则我何为乎，何不为乎？吾辞受趣舍[①]，吾终奈何？”

北海若曰：“以道观之，何贵何贱，是谓反衍[②]；无拘而志，与道大蹇[③]。何少何多，是谓谢施[④]；无一而行，与道参差。严严乎若国之有君，其无私德；繇繇乎若祭之有社[⑤]，其无私福；泛泛乎其若四方之无穷，其无所畛域[⑥]。兼怀万物，其孰承翼[⑦]？是谓无方。万物一齐，孰短孰长？道无终始，物有死生，不恃其成；一虚一盈，不位乎其形[⑧]。年不可举[⑨]，时不可止；消息盈虚，终则有始。是所以语大义之方，论万物之理也。物之生也，若骤若驰，无动而不变，无时而不移。何为乎，何不为乎？夫固将自化。”

注释

①趣舍：取舍。

②反衍：反复，即向相反方向转化。

③蹇 jiǎn：违碍。

④谢施：相互转化。谢，代谢。施，移，延伸。

⑤繇繇 yōu：通“悠悠”，悠然自得的样子。社：社神，即土地神。

⑥畛域：界限。

⑦承翼：承接扶翼，得到庇护。

⑧位：拘守，固定。

⑨举：存。

译文

河伯说：“那么我要做什么，不做什么呢？我对于辞退、接受、取来、舍去，到底该如何处理呢？”

北海神说：“从道的观点去看，无所谓贵，无所谓贱，这是反复无穷的；不要拘束你的心志，与道相违。无所谓多，无所谓少，这是转化不停的；不要偏执一方而行，与道乖离。庄重威严，像一国之君那样，没有偏私；悠然自得，像祭祀的社神那样，没有偏私。广大无边，像四方的无穷无尽那样，没有彼此的界限。兼爱万物，哪里有所庇护呢？这就是没有偏向。万物都是一样的，孰短孰长呢？道没有始终，而万物有生死，不自恃其一时的成就；盈虚变化，没有固定的形状。年岁不能存留，时光无法停止；消灭、生长、充满、空虚，终结了，又重新开始。这就是谈大道的方向，论万物的道理。万物的生长，犹如万马奔腾；没有一个动作不是在变化，没有一个时刻不是在移动。应该做什么？不应该做什么呢？万物自有其变化发展。”

河伯曰："然则何贵于道邪？"

北海若曰："知道者必达于理，达于理者必明于权，明于权者不以物害己。至德者，火弗能热，水弗能溺，寒暑弗能害，禽兽弗能贼。非谓其薄之也[①]，言察乎安危，宁于祸福，谨于去就[②]，莫之能害也。故曰，天在内，人在外，德在乎天。知乎人之行，本乎天，位乎得；蹢躅而屈伸[③]，反要而语极[④]。"

河伯曰："何谓天？何谓人？"

北海若曰："牛马四足，是谓天；落马首[⑤]，穿牛鼻，是谓人。故曰，无以人灭天，无以故灭命[⑥]，无以得殉名。谨守而勿失，是谓反其真。"

注释

①薄：迫近。

②去就：去留。

③蹢躅 zhízhú：同"踯躅"，进退不定的样子。

④反：通"返"，回归。要：重要。

⑤落：通"络"，羁勒。

⑥故：巧故，造作。

译文

河伯说："那么道有什么可贵的呢？"

北海神说："懂得道的人必定会通达事理，通达事理的人必定明通权变，明通权变的人便不会让外物伤害自己。至德之人，火不能烧他，水不能淹他，寒暑不能害他，禽兽不能侵害他。这并不是说他迫近它们而不受伤害，而是说他明察安全与否，安心于福祸，谨慎于去留，因而没有什么能伤害他。所以说，天道蕴含于内，人道显露于外，德性表现为天然形成。懂得人的行为本于自然，安处于自得，时进时退，时屈时伸，这就能回到道的中心而领悟至理。”

河伯说：“什么是天？什么是人？”

北海神说：“牛马生有四条腿，这是天然；用辔头络在马头上，用缰绳穿过牛鼻，这是人为。所以说：不要用人为毁灭天然，不要以造作毁灭性命，不要因贪得求取名声。谨记这些，不违失，这就是返归本真。”

二

夔怜蚿[①]，蚿怜蛇，蛇怜风，风怜目，目怜心。夔谓蚿曰：“吾以一足跉踔而行[②]，予无如矣。今子之使万足，独奈何？”蚿曰：“不然。子不见夫唾者乎？喷则大者如珠，小者如雾，杂而下者不可胜数也。今予动吾天机，而不知其所以然。”蚿谓蛇曰：“吾以众足行，而不及子之无足，何也？”蛇曰：“夫天机之所动，何可易邪？吾安用足哉！”

蛇谓风曰：“予动吾脊胁而行[3]，则有似也。今子蓬蓬然起于北海[4]，蓬蓬然入于南海，而似无有，何也？”风曰：“然。予蓬蓬然起于北海而入于南海也，然而指我则胜我，鳝我亦胜我[5]。虽然，夫折大木，蜚大屋者，唯我能也，故以众小不胜为大胜也。为大胜者，唯圣人能之。”

注释

①夔 kuí：传说中形似牛的野兽，无角，一足。

蚿 xián：马蚿虫，又名百足虫。

②跉踔 chěnchuō：跳着走的样子。

③脊：脊背。胁：从腋下到腰上的部分。

④蓬蓬：象声词，风动声。

⑤鳝 qiū：通“蹭”，脚踢。

译文

独角兽羡慕百足虫，百足虫羡慕蛇，蛇羡慕风，风羡慕目，目羡慕心。独角兽对百足虫说：“我用一只脚跳着走，没有比我更方便的了。现在你用这么多脚，怎么走呢？”百足虫说：“不是的。你难道看不见吐唾沫的人吗？喷出来大的像珍珠，小的像雾气，错杂而落下的，数都数不清。现在我顺其自然而行，自己也不知道其中的道理。”百足虫对蛇说：“我用我的很多只脚走路，还不如你没有脚走得快，这是为什么？”蛇说：“这也是顺其自然而动，怎么可以更改呢？我哪里要用脚呢！”蛇对风说：“我运动我的脊背和腰部行走，还像没有脚似的。现在你呼呼地从北海吹起，呼呼地向南海吹去，却没有留下有足而行的痕迹，这是为什么呢？”风说：“虽然我呼呼地从北海吹向南海，但是人们用手指我就能胜过我，用脚踢我就能胜过我。但是折断大木，吹散大屋，却只有我才能做到，这是不求小的胜利而求大的胜利。能完成大的胜利的，只有圣人。”

三

孔子游于匡[1]，卫人围之数帀[2]，而弦歌不惙[3]。子路入见，曰：“何夫子之娱也？”

孔子曰：“来，吾语女。我讳穷久矣[4]，而不免，命也；求通久矣，而不得，时也。当尧舜之时而天下无穷人，非知得也；当桀纣之时而天下无通人，非知失也；时势适然。夫水行不避蛟龙者，渔父之勇也；陆行不避兕虎者[5]，猎夫之勇也；白刃交于前[6]，视死若生者，烈士之勇也；知穷之有命，知通之有时，临大难而不惧者，圣人之勇也。由，处矣[7]，吾命有所制矣。”

无几何，将甲者进[8]，辞曰：“以为阳虎也[9]，故围之。今非也，讲辞而退。”

注释

①匡：卫国地名，在今河北省长垣市西南。

②卫人：原本作“宋人”，据匡地属卫国，改为卫人。帀 zā：同“匝”，周。

③惙：通“辍”，止。

④讳穷：忌讳道行不能通达。穷，阻塞不通。

⑤兕 sì：雌犀牛。

⑥白刃：刀剑一类的兵器。

⑦由：仲由，子路名。处：安然对待。

⑧将：帅，即“率领”。甲：士兵。

⑨阳虎：鲁国季孙氏掌权者，因擅自带兵过匡人之境去郑，因而得罪匡人。孔子的长相与阳虎相似，故有此误会。

译文

孔子周游到了卫国，卫人把他团团围住，孔子仍不停止弹琴吟唱。子路进屋去见孔子，问：“老师为什么如此快乐呢？”

孔子说：“过来，我跟你说。我虽忌讳道行不能通达，却还是不能避免，这就是命；我祈求道行通达已经很久了，却还是不能得到，这就是时运；在尧舜那个时代，天下没有不得志的人，并非人们的智慧都很高；在桀、纣那个时代，天下没有通达的人，并非人们都失去了智慧；这是时势造就的。在水中行走不躲避蛟龙，这是渔夫的勇敢；在陆地上行走不躲避野牛与猛虎，这是猎人的勇敢；刀剑横在面前，视死如生，这是烈士的勇敢；明白困顿在于天命，明白通达在于时势，面临大难而不惧怕，这是圣人的勇敢。仲由，你安然处之吧。我的命运已有限定了！”

没有多久，率领士兵的首领走进来，道歉说：“我们误认为你是阳虎，所以把你围起来。现在发现认错了人，请原谅，我们立刻撤兵。”

四

公孙龙问于魏牟曰[①]：“龙少学先王之道，长而明仁义之行；合同异，离坚白[②]；然不然，可不可；困百家之知，穷众口之辩；吾自以为至达已。今吾闻庄子之言，汒焉异之[③]。不知论之不及与，知之弗若与？今吾无所开吾喙[④]，敢问其方。”

注释

①公孙龙：姓公孙，名龙，字子秉，战国时赵国人，名家代表人物。魏牟：魏国公子，封于中山（今河北定州市）。

②同异、坚白：战国时辩者之学分为两派，一派为“离坚白”，以公孙龙为代表，认为色白和质硬并非必然一同呈现于知觉中，其观点在于坚持应把同一事物的坚硬和白色分别开来；一派为“合同异”，以惠施为代表，其观点在于坚持

应把事物的同异合而为一，“氾爱万物，天地一体也”。

③汒máng焉：茫然。

④喙：口。

译文

公孙龙问魏牟：“我年轻的时候曾学习先王之道，年长一些便明白了仁义之事，能把事物的同异合而为一，把同一事物的坚硬和白色分别开来；把不是这样的说成这样，把不可以的说成可以；困顿百家的智慧，让众人理屈词穷；我自认为已经通达了。但是现在我听了庄子的话，感到茫然又惊奇。不知道是我的论辩不如他，还是智慧不如他？现在我无法开口了，请问这是什么道理？”

公子牟隐机大息，仰天而笑曰：“子独不闻夫坎井之蛙乎[①]？谓东海之鳖曰：‘吾乐与！出跳梁乎井干之上[②]，入休乎缺甃之崖[③]；赴水则接腋持颐[④]，蹶泥则没足灭跗[⑤]；还视虷蟹与科斗[⑥]，莫吾能若也。且夫擅一壑之水，而跨跱坎井之乐[⑦]，此亦至矣，夫子奚不时来入观乎！’东海之鳖左足未入，而右膝已絷矣[⑧]。于是逡巡而却[⑨]，告之海曰：‘夫千里之远，不足以举其大；千仞之高，不足以极其深。禹之时十年九潦[⑩]，而水弗为加益；汤之时八年七旱，而崖不为加损。夫不为顷久推移[11]，不以多少进退者，此亦东海之大乐也。'于是坎井之蛙闻之，适适然惊[12]，规规然自失也[13]。"

注释

①坎井：浅井。

②跳梁：跳跃。井干：井栏。

③休乎：休息。甃 zhòu：井中累砖。崖：通"涯"，边。

④接：承托，与"持"同义。颐 yí：面颊。

⑤蹶 jué：踏，踩。跗 fū：脚背。

⑥还视：回顾。"视"字原缺，据《御览》一八九引"还"下有"视"字，据以补之。虷 hán：蚊子的幼虫，即孑孓。科斗：即"蝌蚪"，蛙的幼虫。

⑦跨跱 kuàzhì：盘踞。

⑧絷 zhí：绊住。

⑨逡 qūn 巡：形容退却的样子。

⑩潦：同"涝"，水淹。

⑪顷久：时间长短。推移：改变。

⑫适适然：惊怖的样子。

⑬规规然：茫然自失的样子。

译文

魏牟倚靠着几案，仰头朝天笑了笑，说："你难道没有听说过浅井里的蛤蟆吗？它对东海老鳖说：‘我非常快乐！我出来就在井栏上跳来跳去，回去就在破砖边上休息休息；跳进水中，水便托住我的两腋和面颊；踏进泥中，烂泥便盖上脚背。回头看水中的孑孓、小蟹与蝌蚪，都不能像我如此快乐。而且我独占一坑之水，因此盘踞浅井的快乐，也算得上是最大的快乐了。先生你何不随时进来看看呢！’东海老鳖左脚还没有进去，右膝已经被绊住了。因此退了回来，把大海的情状告诉它：‘千里那么远，不足以形容它的广大；千丈那么高，不足以比拟它的深邃。禹那个时代，十年有九年水灾，但海水并没有因此而增加；汤那个时代，八年有七年旱灾，但海岸并没有因此而缩短。不因为时间的长短有所变化，不因为雨水的多少有所变更，这就是东海的大乐。’浅井里的蛤蟆听了，惊慌失措，茫然自失。”

“且夫知不知是非之竟[①]，而犹欲观于庄子之言，是犹使蚊虻负山[②]，商蚷驰河也[③]，必不胜任矣，且夫知不知论极妙之言而自适一时之利者，是非坎井之蛙与？且彼方跐黄泉而登大皇[④]，无南无北，奭然四解[⑤]，沦于不测；无东无西，始于玄冥，反于大通。子乃规规然而求之以察[⑥]，索之以辩，是直用管窥天[⑦]，用锥指地也[8]，不亦小乎！子往矣！且子独不闻夫寿陵余子之学行于邯郸与[9]？未得国能，又失其故行矣，直匍匐而归耳。今子不去，将忘子之故，失子之业。”

公孙龙口呿而不合[10]，舌举而不下，乃逸而走[11]。

注释

①知 zhì 不知 zhī：前者“知”通“智”，后者“知”为知道。竟：通“境”，境界，界限。

②蚊虻 méng：俗称蚊虫。“虻”字原缺，依王叔岷之说补。

③商蚷 jù：虫名，又称马蚿，俗谓百足虫，只能陆行。

④跐 cǐ：踏，踩。大皇：天。

⑤奭 shì 然：无阻碍的样子。

⑥规规：浅陋拘泥的样子。一说为经营的样子。

⑦用管窥天：比喻所见有限。

⑧指：测量。

⑨寿陵：战国时燕国地名。余子：弱龄未壮。邯郸：赵国国都，在今河北邯郸。

⑩口呿 qū：张口的样子。

⑪逸：奔。

译文

“况且你的智慧还不足以洞悉是非的界限，就想去探究庄子的学说，这就好像让蚊虫背着大山，让马蚿过河一样，必然难以胜任。况且你的智慧还不足以洞悉至妙的学说，自己却满足于一时名利，这不就像浅井里的蛤蟆吗？而庄子的学说可以下至黄泉，上登苍天，不分南北，四面通畅，直至深不可测的境地；不分东西，起于玄冥之中，返回大通之境。你还喋喋不休地想用明察去推求它，用诡辩来探索它，这简直是用竹管去探视苍天，用铁锥尖测量大地，岂不是太渺小了吗？你走吧！况且你没有听说过燕国寿陵的少年到赵都邯郸去学习走路的故事吗？他不但没有学会赵国走路的技能，还忘记了自己原来的步法，结果只好爬着回去了。现在你再不走，就将忘记你原来的技能，失去你原来的学业了。”

公孙龙嘴大张得合不上了，舌头高翘着也放不下了，只好灰溜溜地走了。

五

庄子钓于濮水[①]，楚王使大夫二人往先焉[②]，曰：“愿以境内累矣[③]！”

庄子持竿不顾，曰：“吾闻楚有神龟，死已三千岁矣，王以巾笥而藏之庙堂之上[④]。此龟者，宁其死为留骨而贵乎？宁其生而曳尾于涂中乎[⑤]？”

二大夫白：“宁生而曳尾涂中。”

庄子曰：“往矣！吾将曳尾于涂中。”

注释

①濮水：一说在河南封丘一带今濮州濮阳，一说为今安徽芡河上游。

②楚王：楚威王。

③境内：指国家政务。

④巾笥sì：布巾竹箱。

⑤曳：拖。涂：泥。

译文

庄子在濮水钓鱼，楚威王派了两位大夫先去传达他的心意，说："希望能将国家的政务委托给您！"

庄子手持钓竿，专心钓鱼，不予理睬，说："我听说楚国有个神龟，已经死去三千年了，君王把它用布包着，放在竹箱中，并藏在庙堂之上。请问二位，这只龟是宁可死去而留下骨壳以显尊贵呢？还是宁愿活着而拖着尾巴在泥中爬呢？"

两位大夫说："宁愿活着拖着尾巴在泥中爬。"

庄子说："那么你们走吧！我也想要拖着尾巴在泥中爬。"

六

惠子相梁[①]，庄子往见之。或谓惠子曰[②]："庄子来，欲代子相。"于是惠子恐，搜于国中三日三夜。

庄子往见之，曰："南方有鸟，其名为鹓鸰[③]，子知之乎？夫鹓鶵，发于南海而飞于北海，非梧桐不止，非练实不食[4]，非醴泉不饮[5]。于是鸱得腐鼠[6]，鹓鶵过之，仰而视之曰：‘吓[7]！’今子欲以子之梁国而吓我邪？”

注释

①惠子：惠施。相：动词，做宰相。梁：魏都大梁，今河南开封。

②或：有人。

③鹓鶵 yuānchú：凤凰之类的鸟。

④练实：竹子的果实。

⑤醴泉：甜美的泉水。

⑥鸱：猫头鹰。

⑦吓：怒斥之声。

译文

惠施做了梁惠王的宰相，庄子去看他。有人告诉惠施说：“庄子来这里，想取代你做宰相。”于是惠施恐慌无比，在国内搜寻庄子，搜了三天三夜。

庄子去看他，说道：“南方有一种鸟，名字叫鹓鶵，你知道吗？这鹓鶵，从南海起飞，飞往北海，不是梧桐树不栖息，不是竹子的果实不吃，不是甜美的泉水不喝。在这里，一只猫头鹰找到一只腐臭的老鼠，鹓鶵从它面前飞过，猫头鹰仰起头看着它，喊了一声：‘吓！’现在你想用你的梁国来恐吓我吗？”

七

庄子与惠子游于濠梁之上[①]。庄子曰："儵鱼出游从容[②]，是鱼之乐也。"惠子曰："子非鱼，安知鱼之乐？"庄子曰："子非我，安知我不知鱼之乐？"惠子曰："我非子，固不知子矣；子固非鱼也，子之不知鱼之乐，全矣。"庄子曰："请循其本[③]。子曰'汝安知鱼乐'云者，既已知吾知之而问我，我知之濠上也。"

注释

①濠：水名，即濠水，今安徽凤阳境内。梁：桥。

②儵 tiáo 鱼：白鱼。儵，当作"鯈"。

③循：顺，追溯。本：始，指原来的问话。

译文

庄子与惠施在濠水桥上闲游。庄子说："白鱼悠闲地游出来，这是鱼的快乐啊。"惠施说："你又不是鱼，你怎么会知道鱼的快乐？"庄子说："你又不是我，你怎么会知道我不知道鱼的快乐。"惠施说："我不是你，固然不知道你；你固然不是鱼，你不知道鱼的快乐，这就明显了。"庄子说："请从头说起吧！你说'你怎么知道鱼是快乐的'这句话，这就是说你已经知道我了解了鱼的快乐才来问我。这些我是从濠水之上知道的。"

杂篇

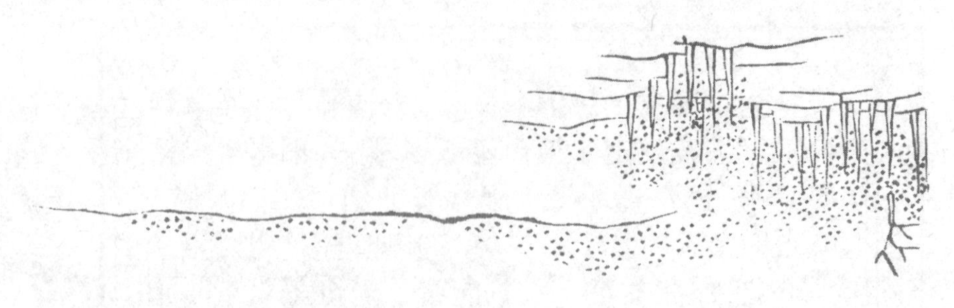

庚桑楚

题解

孤独，是自己设置的篱笆，本以为能赏到淡菊或是南山，却走不出一片沉郁的世界。世界上最大的武器，莫过于心。唯有自己的心照亮了，才能看见一个美妙的世界，才能照见真正的自己，才能与他人、万物同乐乐。所以庄子说："心胜剑。"

"庚桑楚"篇讲述养生保身的道理，大道可以养生，养生之方在于"藏身深渺"，在外不受他物干扰，在内保持内心通达明澈。圣人养生之道即在于"无为而无不为"，"不得已"而为之。

全篇共分为十二部分。第一部分借庚桑楚与老子的对话说明"全其形生"之人不厌深远，无为而处，并指出天下大乱的根源在尧舜区分贤愚、善恶。第二部分借南荣趎问道，阐述"卫生之经"的道理。第三部分描写心境泰然安定之人。第四部分讲述求知的最高境界在于"知止乎其所不能知"。第五部分阐述务内者与务外者的区别，彰显持守内心的意义。第六部分讲述道虚空而实存。第七部分通过对比古今之人，阐述今人之无常不定。第八部分说明至礼、至义、至知、至仁、至信的特点。第九部分说明人心扰乱的原因。第十部分借羿与虫的比喻，说明只有忘誉忘名，方能悟道养身。第十一部分说明养生之方在于清静无为。第十二部分介绍圣人之道在于“不得已”。

一

老聃之役①，有庚桑楚者，偏得老聃之道②，以北居畏垒之山③。其臣之画然知者去之④，其妾之挈然仁者远之⑤；拥肿之与居⑥，鞅掌之为使⑦。居三年，畏垒大穰⑧。畏垒之民相与言曰：“庚桑子之始来，吾洒然异之⑨。今吾日计之而不足，岁计之而有余。庶几其圣人乎！子胡不相与尸而祝之⑩，社而稷之乎？”

庚桑子闻之，南面而不释然。弟子异之。庚桑子曰：“弟子何异于予？夫春气发而百草生，秋正得而万宝成。夫春与秋，岂无得而然哉？天道已行矣。吾闻至人，尸居环堵之室⑪，而百姓猖狂不知所如往。今以畏垒之细民而窃窃焉欲俎豆予于贤人之间⑫，我其杓之人邪⑬！吾是以不释于老聃之言。”

注释

①役：学徒弟子。古时弟子事师，供其驱使，不畏艰难，兼行劳役。

②偏得：独得。

③畏垒：虚构的山名。一说在鲁国，一说在梁州。

④臣：仆隶。画然：明察炫耀的样子。知：通“智”。

⑤挈 qiè 然：标举的样子。

⑥拥肿：呆笨无知的样子，形容淳朴的人。

⑦鞅掌：形容勤劳的人。

⑧大穰 ráng：大丰收。

⑨洒 sěn 然：惊奇的样子。

⑩尸：主。

⑪环堵之室：方丈小室。

⑫俎豆：奉祀。俎、豆皆为祭祀所用的器具。

⑬杓 dí：指众人注目的存在。

译文

老聃的弟子中，有个叫庚桑楚的，独得老聃之道，在北边居住畏垒山上。他的仆人中有炫耀聪明的被辞退，他的侍女中有标榜仁义的被疏远；与淳朴的人住在一起，让勤劳的人做杂役。住了三年，畏垒山大丰收。畏垒山的居民相互谈论说：“庚桑楚刚来时，我觉得很诧异。现在以短暂的时日来看他，觉得不满足，以长远的年月来看他，觉得很富足。大概这就是圣人吧！你为什么不一起举他为王，敬奉他呢？”

庚桑楚听说要南面为君，心里很不愉快。弟子们觉得奇怪。庚桑楚说：“弟子们对我有什么奇怪的呢？春气萌发，百草丰茂，正逢金秋，万物成熟。春与秋，难道无故就能这样的吗？天道已经在运行了。我听说至人安居在方丈小室，而百姓却放纵妄为，不知道归往何处。现在畏垒山的小民，私下要敬奉我于贤人之间，我难道是引人注目的榜样吗？因此我面对老聃的教诲心有不安。”

弟子曰：“不然。夫寻常之沟[①]，巨鱼无所还其体，而鲵鳝为之制[②]；步仞之丘[③]，巨兽无所隐其躯，而蘖狐为之祥[④]。且夫尊贤授能，先善与利，自古尧舜以然，而况畏垒之民乎！夫子亦听矣！”

庚桑子曰：“小子来！夫函车之兽[⑤]，介而离山[⑥]，则不免于网罟之患；吞舟之鱼，砀而失水[⑦]，则蝼蚁能苦之。故鸟兽不厌高，鱼鳖不厌深。夫全其形生之人，藏其身也，不厌深眇而已矣。且夫二子者又何足以称扬哉！是其于辩也，将妄凿垣墙而殖蓬蒿也。简发而栉[⑧]，数米而炊，窃窃乎又何足以济世哉！举贤则民相轧，任知则民相盗。之数物者，不足以厚民。民之于利甚勤，子有杀父，臣有杀君，正昼为盗，日中穴阫[⑨]。吾语女，大乱之本，必生于尧舜之间，其末存乎千世之后。千世之后，其必有人与人相食者也！”

注释

①寻常之沟：小水沟。寻常，八尺为寻，两寻为常。

②鲵鳝：又作“泥鳝”，身体扁小，生长在河塘污泥之中。制：通“折”，曲折回旋。

③步仞：六尺曰步，七尺为仞。或谓八尺为仞。

④孽 niè 狐：小狐。孽：通“孽”，《汉书》注引张晏：“孺子为孽。”祥：善。

⑤函：通“含”，吞。

⑥介：独。

⑦砀 dàng：通“荡”，波荡，流荡。

⑧简发而栉 zhì：选择头发梳理。简：选择。栉：梳理。

⑨日中：正午。穴阫 péi：挖墙。穴，挖。阫，墙。

译文

弟子说：“不是这样的。像小水沟，大鱼无法转身，可是小鱼却来去自如。矮小的丘陵中，巨兽无法藏身，可小狐狸却很喜欢。况且尊奉贤人，举贤授能，倡导善行，施予利益，从尧舜时开始就是这样，何况是畏垒的百姓呢？老师您还是听从他们吧！”

庚桑楚说：“年轻人啊！能吞吐车辆的巨兽，独自离开山林，免不了网罟的灾祸；能吞吃小舟的大鱼，若离开水泽便失水，就连蚂蚁都能害它。所以鸟兽不厌高飞，鱼鳖不厌深潜。全形养生的人，敛藏自己，不厌深微渺远。况且尧舜这两个人有什么值得称赞的呢！像他们那样区别贤愚、善恶，就如胡乱穿凿垣墙来种植蓬蒿艾草一样。择拣头发来梳理，数点米粒来煮饭，如此斤斤计较的，又怎么能有益于世人呢？推举贤能，百姓就会相互倾轧；任用智巧，百姓就会相互争盗。这些事情，不足以让百姓淳厚。百姓于利益十分殷勤，以致儿子杀父，臣仆杀君，白日偷盗，正午挖墙。我跟你说，天下大乱的根源，一定产生在尧舜时代，流弊存在千世以后。千载以后，人间必定是人吃人的世界了。”

二

南荣趎蹴然正坐曰[①]：“若趎之年者已长矣，将恶乎托业以及此言邪[②]？”

庚桑子曰：“全汝形，抱汝生，无使汝思虑营营[③]。若此三年，则可以及此言矣。”

南荣趎曰：“目之与形，吾不知其异也，而盲者不能自见；耳之与形，吾不知其异也，而聋者不能自闻；心之与形，吾不知其异也，而狂者不能自得。形之与形亦辟矣[④]，而物或间之邪，欲相求而不能相得？今谓趎曰：‘全汝形，抱汝生，勿使汝思虑营营。’趎勉闻道耳矣！”

庚桑子曰："辞尽矣。奔蜂不能化藿蠋[5]，越鸡不能伏鹄卵[6]，鲁鸡固能矣。鸡之与鸡，其德非不同也，有能与不能者，其才固有巨小也。今吾才小，不足以化子。子胡不南见老子？"

注释

①南荣趎chú：姓南荣，名趎，庚桑楚的弟子。蹴然：惊恐的样子。正坐：端坐。

②恶乎：如何。托业：受业，学习。此言：指上述"藏身深眇"之言。

③营营：不停追逐外物的样子。

④辟：通"嬖"，亲密。

⑤奔蜂：小蜂，一说细腰土蜂。藿蠋zhú：豆蕾中的大青虫。

⑥越鸡：越地所产鸡，形体较小。伏：通"孵"。鹄：天鹅。

译文

南荣趎惊异地端坐起来，说："像我这样年岁大的，该如何学习才能达到这种境界呢？"

庚桑楚说："要保全你的形体，养护你的生命，不要使你的思虑忙碌劳累。像这样三年之后，就可以达到这种境界了。"

南荣趎说："从外形上，我看不出眼睛有何不同，但盲人的眼睛却不能看见东西；从外形上，我看不出耳朵有何不同，但聋子的耳朵却不能听见声音；从外形上，我看不出心有何不同，但疯狂的人却不能自持。形体和形体之间亲密相通，但物欲或时有间隔其中，使得彼此想要沟通而不得吗？现在你告诉我说：‘保全你的形体，养护你的生命，不要使你的思虑忙碌劳累。’我努力求道却只能入于耳朵而已！”

庚桑楚说：“我的话已经说尽了。小蜂不能够孵化出豆叶中的大青虫，越鸡不能孵化出天鹅卵，可鲁鸡就可以！鸡与鸡之间，本性没有什么不同，之所以有能与不能的区别，是因为才能有大有小。现在我的才能小，不足以点化你。你何不向南去拜见老子呢？”

南荣趎赢粮[①]，七日七夜至老子之所。老子曰：“子自楚之所来乎？”南荣趎曰：“唯。”老子曰：“子何与人偕来之众也？”南荣趎惧然顾其后。老子曰：“子不知吾所谓乎？”南荣趎俯而惭，仰而叹曰：“今者吾忘吾答，因失吾问。”老子曰：“何谓也？”南荣趎曰：“不知乎？人谓我朱愚。知乎？反愁我躯。不仁则害人，仁则反愁我身；不义则伤彼，义则反愁我己。我安逃此而可？此三言者，趎之所患也，愿因楚而问之。”老子曰：“向吾见若眉睫之间，吾因以得汝矣，今汝又言而信之。

若规规然若丧父母[②]，揭竿而求诸海也[③]。女亡人哉[④]，惘惘乎！汝欲反汝情性而无由入，可怜哉！”

注释

①赢粮：担粮。

②若：前一个“若”字应为“汝”，你。后一个“若”字可解释为“像”。规规然：失神的样子。

③揭：举。竿：竹竿。

④女：通“汝”，你。亡人：流亡之人。

译文

南荣趎担着粮食，走了七天七夜，到了老子的住所。老子问：“你是来自庚桑楚那里吗？”南荣趎说：“是的。”老子说：“你为什么和这么多人一起来呢？”南荣趎惊惧地看看身后。老子说：“你不知道我说的是什么意思吗？”南荣趎连忙俯身低头，表示惭愧，而后又仰起头来，叹气说：“现在我忘记了我要回答的话，所以也就忘了我的问题。”老子说：“怎么说呢？”南荣趎说：“要是说不知道，人们都说我愚蠢；要是说知道，反而使自身陷于忧患。不仁就会伤害别人，行仁反而危及自身；不义就会伤害对方，行义反而危及自身。我怎么才能够避开这些呢？这三样，是我所忧患的事情，希望借由庚桑楚的引荐来向您请教。”老子说：“刚才我见你眉目之间的神色，便知你的心事，现在又听了你的话，就更加证实了我的看法。

你失魂落魄的样子如丧双亲，就如高举着竹竿到茫茫大海中去探寻。你就如流亡之人，多么迷惘啊！你想找回自己的天性，却不知何去何从，真是可怜啊！”

南荣趎请入就舍，召其所好，去其所恶，十日自愁，复见老子。

老子曰：“汝自洒濯①，孰哉郁郁乎？然而其中津津乎犹有恶也②。夫外韄者不可繁而捉③，将内揵④；内韄者不可缪而捉，将外揵。外内韄者，道德不能持，而况放道而行者乎⑤！”

南荣趎曰：“里人有病，里人问之，病者能言其病，然其病病者，犹未病也。若趎之闻大道，譬犹饮药以加病也，趎愿闻卫生之经而已矣⑥。”

注释

①洒濯：清洗。

②津津：口液渗漏的样子。恶：恶念。

③韄 huò：束缚。繁：繁杂。

④揵 jiàn：闭，闭塞。

⑤放道：学道。放：通“仿”。

⑥卫生：养护生命。

译文

南荣趎请求住进学舍，求取自己喜好的，去除自己厌恶的，经过十天的愁思，又去见老子。

老子说："你自行荡涤，为什么还郁郁寡欢呢？可见你心中还有恶念留存。外物的束缚不能被繁杂纠缠着，要从内心封闭它；内心的束缚不能被翻乱纠缠着，要从外面封闭它；内外都受束缚，即便道德高尚的人都不能自持，何况是学道之人呢？"

南荣趎说："村里的人生病，同村的人去问候他，病人如果能够说出自己的病状，他能把病当作病，那就不是病。像我听到大道，好比吃药加重了病情。我希望听到养护生命的道理就可以了。"

老子曰："卫生之经，能抱一乎？能勿失乎？能无卜筮而知吉凶乎？能止乎①？能已乎②？能舍诸人而求诸己乎？能翛然乎③？能侗然乎④？能儿子乎？儿子终日嗥而嗌不嗄⑤，和之至也；终日握而手不掜⑥，共其德也；终日视而目不瞚⑦，偏不在外也。行不知所之，居不知所为，与物委蛇而同其波⑧。是卫生之经已。"

南荣趎曰："然则是至人之德已乎？"

曰："非也。是乃所谓冰解冻释者，能乎？夫至人者，相与交食乎地而交乐乎天，不以人物利害相撄⑨，不相与为怪，不相与为谋，不相与为事，翛然而往，侗然而来。是谓卫生之经已。"

曰："然则是至乎？"

曰："未也。吾固告汝曰：'能儿子乎？'儿子动不知所为，行不知所之，身若槁木之枝而心若死灰。若是者，祸亦不至，福亦不来。祸福无有，恶有人灾也！"

注释

①止：止于分内。

②已：已过不追。

③翛 xiāo 然：往来无拘束的样子。

④侗 tǒng 然：无所知的样子。

⑤嗥：通"号"。嗌：咽喉。嗄 shà：嘶哑。

⑥挽 yì：拳曲。

⑦瞚 shùn：通"瞬"，眨眼。

⑧委蛇：随顺的样子。

⑨撄：扰乱。

译文

老子说："养护生命，能够保持纯一真性吗？能不分离吗？能不占卜便知吉凶吗？能安分守已吗？能不追过往吗？能舍弃别人而反求自身吗？能够无拘无束吗？能够浑然无知吗？能像婴儿那样纯真吗？婴儿整日嚎哭，可是喉咙却不沙哑，这是元气淳厚的缘故；整天握着手而手却不会拳曲，其德性便是如此；整天瞪着眼睛目不转动，这是他对外物无所偏爱的缘故。行动时自由自在，安居时无所挂碍，顺从万物，同波共流。这就是养护生命的道理了。”

南荣趎说：“那么这就是至人之境吗？”

老子说：“不是。这只是执念之心像冰一样融化了而已，怎么算达到至人的境界呢？至人，求食于地而与天同乐，不因人物利害受到扰乱，不行怪异之举，不作谋虑之思，无拘无束而去，纯真无知而来。这就是养护生命的道理了。”

南荣趎说：“那么这样就达到最高境界了吗？”

老子说：“还没有。我原来告诉你说：‘能像婴儿吗？’婴儿虽有活动，但他却不知道自己在做什么，虽行动自如，却不知去哪儿，身体像枯木而心灵如死灰。像这样，祸患也不来，福气也不来。福祸都没有，哪里还有人为的灾害出现呢？”

三

宇泰定者[①]，发乎天光[②]。发乎天光者，人见其人[③]，物见其物。人有修者，乃今有恒；有恒者，人舍之[④]，天助之。人之所舍，谓之天民；天之所助，谓之天子。

注释

①宇：心。

②天光：自然之光。

③人见其人：据胡文英《庄子独见》，释为“照见真我”。

④舍：舍止，归依。

译文

内心泰然安定的人，散发出自然的光辉。散发自然光辉的，人便能够照见真我，物便能够显现其天然本质。人有修持，才会有常德；葆有常德，人都来归，上天辅佑。人们所归依的，叫作天民；上天所辅佑的，叫作天子。

四

学者，学其所不能学也；行者，行其所不能行也；辩者，辩其所不能辩也。知止乎其所不能知，至矣；若有不即是者，天钧败之[①]。

注释

①天钧：自然天性。

译文

学习，就是学他所不能学的；实践，就是做他所不能做的；辩论，就是辩他所不能辩的。对知识的探求能够停留在自己不能知道的地方，就是极点了；如果有不是这样的，自然天性就会受到挫败。

五

备物以将形[1]，藏（不）虞以生心[2]，敬中以达彼[3]，若是而万恶至者，皆天也，而非人也，不足以滑成[4]，不可内于灵台[5]。灵台者有持而不知其所持，而不可持者也。

不见其诚己而发[6]，每发而不当，业入而不舍[7]，每更为失。为不善乎显明之中者，人得而诛之；为不善乎幽暗之中者[8]，鬼得而诛之。明乎人，明乎鬼者，然后能独行。

券内者[9]，行乎无名；券外者，志乎期费[10]。行乎无名者，唯庸有光[11]；志乎期费者，唯贾人也，人见其跂[12]，犹之魁然[13]。与物穷者，物入焉[14]；与物且者[15]，其身之不能容，焉能容人！不能容人者无亲，无亲者尽人。兵莫憯于志[16]，镆铘为下[17]；寇莫大于阴阳，无所逃于天地之间。非阴阳贼之，心则使之也。

注释

①将：养。

②藏：隐藏，存。虞：思虑。生：养，与上句“将”字同义。

③敬：诚。中：内心。达彼：通达外物，即应接外物之意。

④滑：扰乱。成：成性，指修养的真性。
⑤内：通“纳”，纳入，动摇。灵台：心。
⑥诚己：内心真诚。
⑦业：已经。舍：摒弃。
⑧幽暗：阴暗隐藏处。
⑨券：契合。
⑩期费：求取财富。
⑪唯：虽。庸：平常，平庸。
⑫跂 qǐ：通“企”，踮起脚后跟。
⑬魁然：魁伟的样子。
⑭穷：终始。入：归附。
⑮且：借为“阻”，抵牾。
⑯兵：兵器。憯 cǎn：利。
⑰镆铘 mòyé：即莫邪，古代良剑名。

译文

储备万物来保养身体，不存思虑之心以颐养心神，敬修内心来通达外物，像这样，仍有灾祸降临，那是天然，并非人为所致，不足以扰乱真性，动摇心灵。心灵有所持守，但却属不自觉的持守，故而不可有意持守。

心中毫无把握却还妄自行动，每次行动往往都不适当，杂念已进入心灵而不知摒弃，往往行动上就会有所失。明目张胆地做坏事，人们就会诛罚他；偷偷摸摸地做坏事，他自己内心会受谴责。在明处，在暗处，都能光明正大，无愧于心，然后能独行而不惧。

经营内心的人，做事不留名迹；经营外物的人，志在求取财富；做事不留名迹的人，虽然平常却葆有光辉。志在求取财富的人，却只是商人罢了，人们看他踮起脚后跟走路，好像很魁伟的样子。顺应外物，外物便会归附他；与外物相背，尚且不能自容，哪里还能容人！不能容人的人孤独无亲，孤独无亲的人将弃绝于人。最锐利的兵器，是一个人的用心，连莫邪宝剑也比不上；最大的敌人，是阴阳二气，弥漫在天地间，任何人都无所逃避。因此并不是阴阳之气能伤人，是心在役使人。

六

道通[①]。其分也成也[②]，其成也毁也。所恶乎分者，其分也以备[③]；所以恶乎备者，其有以备。故出而不反，见其鬼[④]；出而得，是谓得死。灭而有实，鬼之一也。以有形者象无形者而定矣。

出无本，入无窍；有所出而无窍者有实。有实而无乎处，有长而无乎本剽[⑤]。有实而无乎处者，宇也[⑥]；有长而无本剽者，宙也[⑦]。有乎生，有乎死，有乎出，有乎入，入出而无见其形，是谓天门[⑧]。天门者，无有也，万物出乎无有。有不能以有为有，必出乎无有，而无有一无有。圣人藏乎是。

注释

①通：贯通。

②分：分离。成：生成。

③备：全备。

④鬼：指死亡迹象。

⑤本剽：本末，始终。

⑥宇：上下四方。这里指道充斥空间，无所不在。

⑦宙：古往今来。这里指道与时始终，无时不在。

⑧天门：造物之门户。天，自然。

译文

道是相通的。有分就有成，有成就有毁。厌恶分离的，是由于分离了仍求全备；厌恶全备的，是由于全备了仍求更全备。所以心神外驰而不返，呈现出死亡的征兆；心神外驰而以为有所得，其实这是到了死地了。灭绝本性，而形骸残存，这是同鬼一样了。以有形的形体效法无形的道，内心就安定了。

生来没有踪迹，消逝不见藏所；真实存在却无定所，源远流长却不见本末。真实存在而没有处所的，是“宇”；源远流长而不见本末的，是“宙”。有出生，有消亡，有所出，有所入，出入都不见形迹的，是“天门”。“天门”，是“无”，是“有”，万物皆生于“无”和“有”。“有”不能从“有”产生，一定从“无有”产生，而“无有”就是一切皆无。圣人就藏身于此。

七

古之人，其知有所至矣。恶乎至？有以为未始有物者，至矣，尽矣，弗可以加矣。其次以为有物矣，将以生为丧也①，以死为反也，是以分已。其次曰始有无，既而有生，生俄而死；以无有为首，以生为体，以死为尻。孰知有无死生之一守者②，吾与之为友。是三者虽异，公族也③。昭景也，著戴也④，甲氏也⑤，著封也，非一也。

注释

①丧：《齐物论》作“弱丧”，自幼流落。

②守：守之若一，一体。

③公族：诸侯的同族。这里比喻以上两种认识同宗于大道。

④昭景：楚王族姓氏。戴：任职。

⑤甲氏：楚王族姓氏。楚王族有三姓，即昭、屈、景。甲为“屈”字的借字。

译文

古时候的人，他们的认识能达到最高的境界。最高的境界是怎样的呢？认为万物未曾形成时便是最高境界，是尽头，无以复加了！次一等的人则认为万物本来就存在，认为生是流落，死是归返，这就已经出现生与死的区别了。再次一等的人认为万物起初并不存在，后来有生命产生，生命很快消亡；把虚无当作头，把生命看成躯体，把死亡看成尾骨。谁能知道有无死生原本是一体的，我就和他做朋友。这三种人虽然各不相同，却同源于道。犹如楚王族昭、景二姓，世代以官职而显，甲氏，以封地而著称，姓氏不一而已。

有生，黬也[①]，披然曰移是[②]。尝言移是，非所言也。虽然，不可知者也。腊者之有膍胲[③]，可散而不可散也；观室者周于寝庙[④]，又适其偃溲焉[⑤]，为是举移是。

请常言移是。是以生为本，以知为师，因以乘是非；果有名实，因以己为质[⑥]，使人以为己节，因以死偿节[⑦]。若然者，以用为知，以不用为愚，以彻为名[⑧]，以穷为辱。移是，今之人也，是蜩与学鸠同于同也。

注释

①黬 yǎn：黑，形容幽暗，据《南华真经》喻为气之凝聚。

②披然：分晓的样子。移是：无常不定。

③腊者：大祭。膍 pí：牛百叶，即牛胃。胲 gāi：牛蹄。

④寝庙：庙宇。前殿称“庙”，后殿称“寝”，合称“庙寝”。

⑤适：往。偃溲：屏厕，即厕所。

⑥质：主。

⑦偿：殉。节：节操。

⑧彻：通达。

译文

生命，乃气之凝聚。晓然分辨，便是无常不定。请让我谈谈无常，这本是不当说的。但是，这个道理不容易知道。像大祭时必须具备四肢五脏的牲品，四肢五脏可分割，但牲体是不能分散陈列的；如观览宫室的人遍览寝庙之后，或许又会到厕所，这些情形都是无常不定的表现。

请允许我谈一谈无常。这是以生为根本，以心智为师尊，因而产生是非。果真有名与实之分，因而把自己作为是非的主宰，让别人以自己的节操作为标准，因而以死殉节。像这样的人，以有用为聪明，以无用为愚蠢，以通达为名誉，以穷困为耻辱。无常，就是现代的人呀，就如同与蝉、小鸠一般的见识！

八

蹍市人之足[①]，则辞以放骜[②]，兄则以妪[③]，

大亲则已矣[4]。故曰，至礼有不人，至义不物，至知不谋，至仁无亲，至信辟金[5]。

注释

①蹍：踩。

②辞：辞谢。放骜：放肆，歉语，犹今之“对不起”。骜，通“傲”。

③妪：抚爱，抚慰。

④大亲：父母。

⑤辟：摒除。

译文

不慎踩了街道上人的脚，便赔罪说自己“放肆”，不慎踩到兄长的脚，就怜惜抚慰，不慎踩到父母的脚，却无须谢罪。所以说，至礼是没有人我之分的，至义是没有物我之分的，至知是不用谋略的，至仁是无所偏爱的，至信是不用金钱作抵的。

九

彻志之勃[1]，解心之谬，去德之累，达道之塞。贵富显严名利六者，勃志也。容动色理气意六者，谬心也[2]。恶欲喜怒哀乐六者，累德也。去就取与知能六者，塞道也。此四六者不荡胸中则正[3]，正则静，静则明，明则虚，虚则无为而无不为也。

道者，德之钦也；生者，德之光也；性者，生之质也。性之动，谓之为；为之伪，谓之失。知者，接也；知者，谟也[4]；知者之所不知，犹睨也[5]。动以不得已之谓德，动而非我之谓治，名相反而实相顺也。

注释

①彻：通“撤”，撤除。勃：通“悖”，乱。

②谬：通“缪”，束缚。

③荡：摇荡。正：平正。

④谟：谋划。

⑤睨：斜视。

译文

摒除意志上的扰乱，解除心灵上的束缚，去除道德上的牵累，疏通大道的障碍。尊贵、富有、显达、威严、名誉、利禄六种，是对意志的扰乱。姿容、举动、神色、辞理、气息、情意六种，是对心灵的束缚。厌恶、欲望、欣喜、愤怒、悲哀、欢乐六种，是对道德的牵累。取舍、趋近、获取、施与、智虑、技能六种，是对大道的障碍。这四项每六种不在胸中动荡就能中正内心，中正内心就能安静，安静就能明澈，明澈就能空明，空明就能顺任自然而无所不能。

大道，是德所尊崇的；生命，是德的光辉；本性，是生的本质。本性的活动，叫作行为，行为的伪饰，叫作丧失。知识，从与外界接触中获得；智慧，出自内心的谋虑；智者所不知的，就如斜视一方，以致所见有限。行动自然处于不得已，这是德，行为自然不由我决定，这是治。二者名义相反，但实际是一致的。

十

羿工乎中微而拙乎使人无已誉[1]。圣人工乎天而拙乎人。夫工乎天而俍乎人者[2]，唯全人能之。唯虫能虫，唯虫能天。全人恶天？恶人之天？而况吾天乎人乎！

注释

①羿：传说中的射箭能手。中微：射中细微目标。

②俍 liáng：善，擅长。

译文

羿巧于射中微小的目标，而拙于使人不称誉自己。圣人巧于顺应天然，却拙于人事。巧于顺应天然，又善于人事的人，只有全人才能做到。只有鸟兽才能安于做鸟兽，只有鸟兽才能顺应天然。全人哪里知道天然？又哪里知道人为的天然？何况是自行分别天人呢？

十一

一雀适羿，羿必得之，威也；以天下为之笼，则雀无所逃。是故汤以庖人笼伊尹[①]，秦穆公以五羊之皮笼百里奚[②]。是故非以其所好笼之而可得者，无有也。

注释

①伊尹：有莘氏之媵臣，善烹调，汤王任其治庖，后又举任为相。

②百里奚：春秋时虞国人。秦穆公用五张羊皮将他从楚国赎出，任其为相。

译文

一只麻雀飞过羿，羿一定射中它，这是他的威力；把天下当作笼子，那么麻雀就无处可逃了。所以商汤用庖丁来笼络伊尹，秦穆公用五张羊皮来笼络百里奚。所以不投其所好就能笼络人，这是没有的事。

十二

介者拸画[①]，外非誉也；胥靡登高而不惧[②]，遗死生也。夫复谓不馈而忘人[③]，忘人，因以为天人矣！故敬之而不喜，侮之而不怒者，唯同乎天和者为然。

出怒不怒，则怒出于不怒矣；出为无为，则为出于无为矣。欲静则平气，欲神则顺心，有为也欲当，则缘于不得已[④]，不得已之类，圣人之道。

注释

①介者：受刑被砍去一只脚的人。拸 chí 画：不拘法度。

②胥靡：刑徒之人。

③复谓 xí：反复恐吓。忘人：忘却人情。

④缘：顺。

译文

被砍掉一只脚的人不拘法度，因为他已超然毁誉之外；刑徒之人登高而不惧怕，因为他已超然生死之外。屡受恐吓而不报复，这是已经超然于人我之分，超然于人我，这就是天人合一的境界了。所以崇敬他而不欣喜，侮辱他而不愤怒，只有达到混同自然之气的状态才能这样。

发出怒气而不是有心发怒，那么这种发怒也就是无心之怒了；有所作为而是出于无心作为，那么这种作为也就是出于无为了。想要宁静就要平心静气，想要全神贯注就要顺心，有所作为而想使之适当，那么就要寄托于不得已，行事出自不得已，这便是圣人之道。

渔父

题解

如果说“知其不可为而为之”是一种直面世俗的勇气，那么全身保真则是一种超脱自我的智慧。孰是孰非，先不必言说。仅仅这两种选择，就已经为迷途中的人指出了伟大的方向。“渔父”篇借孔子与渔父的对话，说明得道之人应全身保真，“谨修而身，慎守其真，还以物与人”。故事开头写渔父听琴，与子路、子贡对话，渔父认为孔子虽心怀仁义，却伤害本真，危害自身。其次写孔子三拜渔父，请教大道，渔父认为孔子沉溺仁义之间太久，应当学会全身保真之道。

一

孔子游乎缁帷之林[①]，休坐乎杏坛之上[②]。弟子读书，孔子弦歌鼓琴。

奏曲未半，有渔父者，下船而来，须眉交白，被发揄袂[③]，行原以上，距陆而止，左手据膝，右手持颐以听[④]。曲终而招子贡子路，二人俱对。

客指孔子曰："彼何为者也？"子路对曰："鲁之君子也。"客问其族[5]。子路对曰："族孔氏。"客曰："孔氏者何治也[6]？"子路未应，子贡对曰："孔氏者，性服忠信，身行仁义，饰礼乐，选人伦，上以忠于世主，下以化于齐民，将以利天下。此孔氏之所治也。"又问曰："有土之君与？"子贡曰："非也。""侯王之佐与？"子贡曰："非也。"客乃笑而还，行言曰："仁则仁矣，恐不免其身。苦心劳形，以危其真。呜呼！远哉其分于道也！"

注释

①缁帷 zīwéi之林：引成玄英注："林木郁茂，布叶垂条，蔽日阴沉，犹如帷幕。"缁，黑色。

②杏坛：泽中高处，因多杏树，故谓"杏坛"。一说为孔子聚徒讲学处。

③被：通"披"。揄袂：扬袖。

④持颐 yí：托着下巴。

⑤族：姓氏。

⑥何治：研习什么，做什么事业。

译文

孔子闲游在帷幕般的树林里，坐在杏坛上休息。弟子在读书，孔子边唱歌边弹琴。

曲子还未过半，有个渔父下船走来，胡须、眉毛全都白了，披散着头发，扬曳着长袖，沿着岸边向上，走到陆地便停下脚步，左手扳着膝盖，右手托着下巴，仔细聆听。曲终，渔父招呼子贡、子路二人过来一同答话。

来客指着孔子说：“他是做什么的？”子路回答说：“鲁国的君子。”来客问其姓氏。子路回答：“孔氏。”来客说：“孔氏研习什么？”子路没有回应，子贡回答说：“孔氏这个人，性守忠信，实行仁义，修饰礼乐，整饬人伦，对上忠诚于君主，对下感化众民，利泽于天下。这就是孔氏所研习的。”来客又问：“他是有土地的君主吗？”子贡说：“不是。”来客说：“他是侯王的辅佐大臣吗？”子贡说：“不是。”来客于是笑了笑，往回走，边走边说：“仁爱倒是仁爱，恐怕自身不能免祸。劳苦心形，危害本真。唉！他离‘道’的距离太远了！”

子贡还，报孔子。孔子推琴而起，曰：“其圣人与？”乃下求之。至于泽畔，方将杖拏而引其船[①]，顾见孔子，还乡而立[②]。孔子反走[③]，再拜而进。

客曰：“子将何求？”孔子曰：“曩者先生有绪言而去[④]，丘不肖[⑤]，未知所谓，窃待于下风[⑥]，幸闻咳唾之音以卒相丘也[⑦]。”客曰：“嘻！甚矣，子之好学也！”

孔子再拜而起，曰：“丘少而修学，以至于今，六十九岁矣，无所得闻至教，敢不虚心！”

注释

①杖拏 ráo：持篙。拏，桡，船篙，即摇船的橹。

②还乡：转过身面向他。乡，通“向”。

③反走：后退。表示对别人的尊敬。

④曩者：刚才。绪言：余言，不尽之言。

⑤不肖：不灵敏，不聪明。

⑥下风：风的下方，孔子借以表示谦卑。

⑦咳唾之音：比喻言论。

译文

子贡回来，告诉孔子。孔子放下琴起身说：“这不是圣人吗？”于是走下杏坛去寻找渔父。到了河边，看见渔父正在持篙撑船，回头看见孔子，转身面对他站着。孔子退行数步，拜了又拜，便走向前去。

客人问：“你有什么要求？”孔子回答说：“刚才先生话没说完就走了，我不聪慧，不知道先生说的是什么意思，便在此恭候先生，希望能有幸听到先生的教诲，以便有助于我。”客人说：“哈哈！你真是好学啊！”

孔子拜了两拜，起身说：“我从小就用功学习，直到今天，已经六十九岁了，没有听到过大的道理，怎敢不虚心请教呢！”

客曰："同类相从，同声相应，固天之理也。吾请释吾之所有而经子之所以[1]。子之所以者，人事也。天子诸侯大夫庶人，此四者自正[2]，治之美也，四者离位而乱莫大焉。官治其职，人处其事，乃无所陵[3]。故田荒室露，衣食不足，征赋不属，妻妾不和，长少无序，庶人之忧也；能不胜任，官事不治，行不清白，群下荒怠，功美不有[4]，爵禄不持，大夫之忧也；廷无忠臣，国家昏乱，工技不巧，贡职不美，春秋后伦[5]，不顺天子，诸侯之忧也；阴阳不和，寒暑不时，以伤庶物，诸侯暴乱，擅相攘伐[6]，以残民人，礼乐不节，财用穷匮，人伦不饬，百姓淫乱，天子之忧也。今子既上无君侯有司之势，而下无大臣职事之官，而擅饰礼乐，选人伦，以化齐民，不亦泰多事乎。"

注释

①释：解释，说明。经：分析。

②自正：各守职位。

③无所陵：不相凌乱。陵，通"凌"，凌乱。

④功美：功劳和美誉。

⑤后伦：排在同类诸侯之后。

⑥攘伐：攻伐。

译文

客人说：“凡物同类而聚，同声而和，这是自然的常理。请让我说明我的见解。你所从事的，是人事。天子、诸侯、大夫、庶人，这四种人各司其职，才是治理社会的理想境界；若这四种人擅离职守，则会产生莫大的混乱。官吏恪守职位，百姓各处其事，则天下安定。故而田园荒芜，居室破漏，衣食不足，征税不纳，妻妾不和，长幼无序，这是庶人的忧虑；才能不足胜任，官事不能治理，行为不能清廉，属下疏荒怠惰，无功于国，无誉于民，爵禄不保，这是大夫的忧虑；朝无忠臣，国无章法，艺无巧技，贡无精良，春秋朝觐天子，落在同伦之后，不能使天子顺心，这是诸侯的忧虑；阴阳不调，寒暑不循，因而伤害万物，诸侯暴乱，擅自互相攻伐，残害人民，礼乐没有节制，财用匮乏不足，人伦不整饬，百姓淫乱无度，这是天子的忧虑。现在，你既然在上没有君侯执政的权势，在下没有大臣职事的官职，还要擅自修饰礼乐，整饬人伦，教化平民，不是太多事了吗！”

“且人有八疵，事有四患，不可不察也。非其事而事之，谓之摠[①]；莫之顾而进之，谓之佞；希意道言[②]，谓之谄；不择是非而言，谓之谀；好言人之恶，谓之谗；析交离亲[③]，谓之贼；称誉诈伪以败恶人，谓之慝[④]；不择善否，两容颊适，偷拔其所欲[5]，谓之险。此八疵者，外以乱人，内以伤身，君子不友，明君不臣。所谓四患者：好经大事，变更易常，以挂功名，谓之叨；专知擅事[6]，侵人自用，谓之贪；见过不更，闻谏愈甚，谓之很；人同于己则可，不同于己，虽善不善，谓之矜。此四患也。能去八疵，无行四患，而始可教已。"

注释

①摠 zǒng：通"揽"，包揽。

②希意：揣度别人心意。

③析：离间，与"离"同意。交：故交，友好。

④慝：恶，邪恶。

⑤偷拔：暗中取得。

⑥知：通"智"。擅事：独断。

译文

"况且人有八种毛病，事有四种祸患，不能不明察。并非自己分内的事而揽着去做，叫作包揽；人不理睬仍窃窃进言，叫作巧佞；揣度别人心意而说些迎合的话，叫作谄媚；不分是非而言，叫作阿谀；喜欢说别人的坏话，叫作谗害；离间亲友，叫作贼；称誉诈伪来败坏别人，叫作奸邪；不分善恶，皆和颜悦色对待，暗中满足自己的欲望，叫作阴险。这八种毛病，在外则扰乱人心，在内则暗伤自身，君子不与他交友，明君不用他做臣子。所谓四种祸患：喜欢经营大事，改变常规，谋取功名，叫作贪多；恃才专断，侵犯别人，刚愎自用，叫作贪婪；知错不改，听人谏言反而更加过分，叫作狠戾；别人跟自己相同可以，如果别人不赞同自己，则别人意见很好也认为是不好，叫作矜夸。这就是人的四种祸患。能够除去八种毛病，不存在四种祸患的人，才是可以受教的。”

二

孔子愀然而叹[①]，再拜而起曰：“丘再逐于鲁，削迹于卫，伐树于宋，围于陈蔡。丘不知所失，而离此四谤者何也[②]？”

客凄然变容曰：“甚矣子之难悟也！人有畏影恶迹而去之走者，举足愈数而迹愈多，走愈疾而影不离身，自以为尚迟，疾走不休，绝力而死。不知处阴以休影，处静以息迹，愚亦甚矣！子审仁义之间，察同异之际，观动静之变，适受与之度，理好恶之情，和喜怒之节，而几于不免矣。谨修而身，慎守其真，还以物与人，则无所累矣。今不修之身而求之人，不亦外乎！”

注释

①愀然：既惊且愧的样子。

②离：通“罹”，遭受。谤：羞辱。

译文

孔子诧异，面有愧色，叹息一声，拜了又拜，起身说："我两次被驱逐出鲁国，在卫国被禁留，在宋国遭受过伐树的侮辱，在陈蔡被围困数日。我不知道自己犯下怎样的错，为什么会遭受这四种毁辱？"

客人凄然变色说："你真是太难觉悟了！有人害怕自己的身影、厌恶自己的足迹，想避开它因而快跑，跑得越多足迹越多，跑得越快却影不离身，自以为跑得慢，还快跑不停，最终力竭而死。他不知道只要去阴暗的地方，影子就能消失，静止下来，足迹自然不见，真是愚昧呀！你审视于仁义之间，明察同异，细观动静，均衡取舍，疏导好恶，调和喜怒，你几乎不免于祸了。你要谨慎修持，保全本身，让人与物还归自然，就不会有所受累了。现在你不修持自身，反而去苛责别人，不是相距甚远吗？"

孔子愀然曰："请问何谓真？"

客曰："真者，精诚之至也[①]。不精不诚，不能动人。故强哭者虽悲不哀，强怒者虽严不威，强亲者虽笑不和。真悲无声而哀，真怒未发而威，真亲未笑而和。真在内者，神动于外，是所以贵真也。其用于人理也，事亲则慈孝，事君则忠贞，饮酒则欢乐，处丧则悲哀。忠贞以功为主，饮酒以乐为主，处丧以哀为主，事亲以适为主，功成之美，无一其迹矣。事亲以适，不论所以矣；饮酒以乐，不选其具矣；处丧以哀，无问其礼矣。礼者，世俗之所为也；真者，所以受于天也，自然不可易也。故圣人法天贵真，不拘于俗。愚者反此。不能法天而恤于人，不知贵真，禄禄而受变于俗[2]，故不足。惜哉，子之蚤湛于人伪而晚闻大道也[3]。"

注释

①精诚之至：精纯诚实的最高境界。

②禄：通"碌"，忙碌。受变于俗：与世俗同流合污。

③蚤：通"早"。湛：同"沉"，沉溺。

译文

孔子愧色难掩，悲哀地问："请问什么是本真？"

客人说："本真，就是精纯诚实的最高境界。不精纯，不诚实，就不能打动人心。所以勉强哭泣的人，虽然悲痛却不哀伤；勉强发怒的人，虽然严厉却不威慑；勉强亲近的人，虽然微笑却不和悦。真正悲伤，是无声而哀戚；真正发怒，是未发而威严；真正亲近，是未笑而和悦。真性存于内心，神色表露在外，所以真心诚可贵。把本真用在人伦上，侍奉双亲，就会慈爱孝顺，侍奉君王，就会忠诚守贞，饮酒便欢乐，处丧便悲哀。忠贞以功名为主，饮酒以欢乐为主，处丧以悲哀为主，侍亲以安适为主。建立美好的功业，不拘于一种形式。侍奉双亲以安适为主，不拘形式；饮酒以欢乐为主，不择酒具；处丧以悲哀为主，不苟礼法。礼法，是世俗规定的；真性，是上天赋予的，是自然不可改变的。所以圣人以天为法，以真为贵，不拘泥于世俗。愚蠢的人则反行其道。不能效法自然、体恤别人，不知道真性的可贵，平庸忙碌，随波逐流，所以永不知足。可惜啊，你早就沉溺于人的伪善之中，大道聆听得太晚了。”

孔子又再拜而起曰：“今者丘得遇也，若天幸然。先生不羞而比之服役[①]，而身教之。敢问舍所在，请因受业而卒学大道。”

客曰：“吾闻之，可与往者与之，至于妙道；不可与往者，不知其道，慎勿与之，身乃无咎[②]。子勉之！吾去子矣，吾去子矣！”乃刺船而去[③]，延缘苇间[④]。

注释

①而：乃。比：列。服役：仆役，这里指弟子。

②无咎：无害。以上六句，各本断句和注释不同，今从郭本和成玄英说。

③刺：划。

④延：缓缓地。缘：顺。

译文

孔子又拜了两次，起身说：“我今天遇到先生，真是上天赐予的机遇。先生不感到羞辱，把我当作门徒，并亲自教诲我。请问先生居于何处，让我跟随您授业，以学到大道。”

客人说：“我听说，能够共体大道的人就与他交往，直至传授玄言妙道于他；不能共体大道的人，是不会懂得大道的，要小心不必与他交往，自身才能不致灾祸。你努力吧，我离开你了！我离开你了！”于是撑着船，沿着岸边缓缓地划向苇丛深处。

颜渊还车，子路授绥[①]，孔子不顾，待水波定，不闻拏音而后敢乘。子路旁车而问曰：“由得为役久矣，未尝见夫子遇人如此其威也。万乘之主，千乘之君，见夫子未尝不分庭伉礼[②]，夫子犹有倨傲之容[③]。今渔父杖拏逆立，而夫子曲要磬折[④]，言拜而应，得无太甚乎？门人皆怪夫子矣，渔人何以得此乎？”

孔子伏轼而叹[⑤]，曰：“甚矣，由之难化也！湛于礼义有间矣，而朴鄙之心至今未去。进，吾语汝！夫遇长不敬，失礼也；见贤不尊，不仁也。彼非至人，不能下人，下人不精，不得其真，故长伤身。惜哉！不仁之于人也，祸莫大焉，而由独擅之。且道者，万物之所由也，庶物失之者死，得之者生，为事逆之则败，顺之则成。故道之所在，圣人尊之。今渔父之于道，可谓有矣，吾敢不敬乎！”

注释

①绥：车上的绳索，登车时作拉手用。

②分庭伉礼：分处庭中，相对设礼，表示宾主平等相待。伉，通“抗”，对。

③倨傲之容：傲慢的表情。

④曲要磬折：弯腰鞠躬。要，通“腰”。磬，石磬，古代石乐，曲形，可挂在壁上。

⑤伏轼：伏身倚靠在车前的横木上。

译文

颜渊调转车头，子路把车绳交给孔子，孔子不看，直等到水波平定，听不到摇船声音才敢上车。子路靠着马车问：“我在先生门下侍候很久了，从未见到先生对人如此尊敬。无论是万乘的君主，还是千乘的诸侯王，见到先生没有不以礼相待的，即便如此先生还常现傲慢的神色。现在一个渔父撑着船篙站在对面，而先生弯腰鞠躬，说话时再拜再回应，会不会太过分了？弟子们都认为先生的态度不同于往常，渔父怎么值得这样对待呢？”

孔子扶着车前的横木，感叹说：“仲由，你也太难教化了！你沉溺在礼义上有一段时间了，可是粗鄙的心到现在还没能去掉。来，我告诉你！遇见长者不恭敬，这是失礼；见到贤者不尊敬，这是不仁。如果他不是至人，就不能让别人甘为谦下，对人谦下却不精诚，就不能保有本真，所以才会常常伤害自身。可惜啊！若人不仁，那将是最大的祸患啊，可是你偏偏对这个擅长。况且，道是万物遵循的依据，万物失去它就会灭亡，得到它就会存活，做事违逆它就会失败，顺应它就能成功。所以道存在的地方，圣人就尊重它。现在渔父对于道，可以说是体悟了，我敢不尊敬他吗！”

后记

生有涯，而知无涯。

这本身是一件令人沮丧的事情。幸好有庄子，消解了人生全部的悲感。他说：“逍遥吧，人！”于是，人们笑了，原来在周身种种不自由的悲剧背后，还有一个逍遥的乐园。我更加庆幸，在我生活的国度里，有一个秘密花园，供我逍遥此生。

我不愿意去西方，那里是拯救的天堂，因为终生有罪而被迫请求上帝的拯救。我愿意因为主动的不断修持，让自己一天比一天更看清自己，一天比一天更加欢喜，一天一天地忘记自己，最终在某个时刻，羽化成蝶。

这就是庄子对我的意义。而我，只是一个普通的读者。当我作为作者开始翻译这本书的时候，庄子已然成为我所理解的庄子，而并非原来的庄子。我很遗憾，我无法还原庄子言论的原貌。同时，我也暗自欣喜，正是和原貌之间的差距会激起你们无限的想象和智慧，我亲爱的读者朋友们会因为不满意我的理解和翻译而重新阐释庄子，庄子的形象将愈发真切生动，我们的生活将愈加诗意盎然。

断臂的维纳斯多么美，而当你亲眼目睹了真品的风采，那心情与看到书上的图片定是不同的吧。我又庆幸，《庄子》这本书的美并不需要像亲赴卢浮宫那么大费周折，只需在某个宁静的夜晚，双手捧着它，读上一小段，那么今夜虽无繁星，也是月光弥漫。因为庄子就是那天边的月，只要你抬头，定能清辉盈手。

人们都懂得真品与高仿的区别，也清楚实物与鉴赏之间的差距，因此，我提倡阅读原文。初学者想要阅读《庄子》，定要从原文入手，字句都疏通了，再去谈意义和哲理。好东西，自然大家爱。想来那月亮，不也是被七情六欲浸润着吗？可千百年来，它依旧圆了缺，缺了圆，亮堂着。你所知道的庄子，也是很多人描画出来的形象，因为知道他的好，所以顶礼膜拜，以至他有了各种各样的诸如“庄半仙”这样的名号。其实你知道他的名字叫“庄周”，生活在战国时代。

而就是这样真切实在的一个人，何以被传诵为圣人、仙人？如果你不能亲读庄子，你怎能捕捉到弥漫在其间的逍遥之乐！正如每个人都有对于月亮的专属感情，每个人对于庄子也有不同的理解，但共同点有一个，就是对于天地万物的敬重，对纯朴自然之美的崇尚，对自由逍遥的向往。本书的翻译在于普及大众，也只是为读者提供一个媒介，通过阅读《庄子》，获得一个有品格、有智慧、有归属的精神乐园。

生来何处，死往何处，庄子给了我们一个提示，“道”。就是这个字，有人读出了玄机重重，有人读出了佛理之光，有人读出了哲思淙淙，还有人悟到了生活中的酸甜苦辣，看到了自然中的花鸟鱼虫。生命本来就是简单又无常的，以小见大，一叶知秋，庄子的智慧就在于此，并且源源不断，恩泽后世。

望月的人，各有各的情思。读庄子的人，各有各的欢喜。他们的欢喜，你或许不知，但请允许自己去追寻。因为，没有人会懂得你站在濠梁之上遇见鱼儿的怦然心动。

今晚，月已爬上柳梢，快捧出你的书来吧，难道你不想做一个安详的梦吗?

李欣于厦大海韵公寓

2012 年 10 月

图书在版编目（CIP）数据

庄子译注 /（战国）庄周著；李欣译注. —北京：北京联合出版公司，2015.7（2023.8重印）

ISBN 978-7-5502-4099-5

Ⅰ.①庄… Ⅱ.①庄… ②李… Ⅲ.①道家②《庄子》－译文③《庄子》－注释 Ⅳ.①B223.5

中国版本图书馆CIP数据核字（2015）第143120号

庄子译注

作　　者：（战国）庄周
译　　注：李　欣
出 品 人：赵红仕
选题策划：梁明德　邵鹏军
责任编辑：王　巍
特约编辑：苑浩泰
封面设计：格林文化
版式设计：格林文化

北京联合出版公司出版
（北京市西城区德外大街83号楼9层　100088）
三河市华润印刷有限公司　新华书店经销
字数136千字　960毫米×640毫米　1/16　印张21.5
2015年9月第1版　2023年8月第4次印刷
ISBN 978-7-5502-4099-5
定价：49.00元
